図解 武士道がよくわかる本

新渡戸稲造
PHP研究所（編・訳）

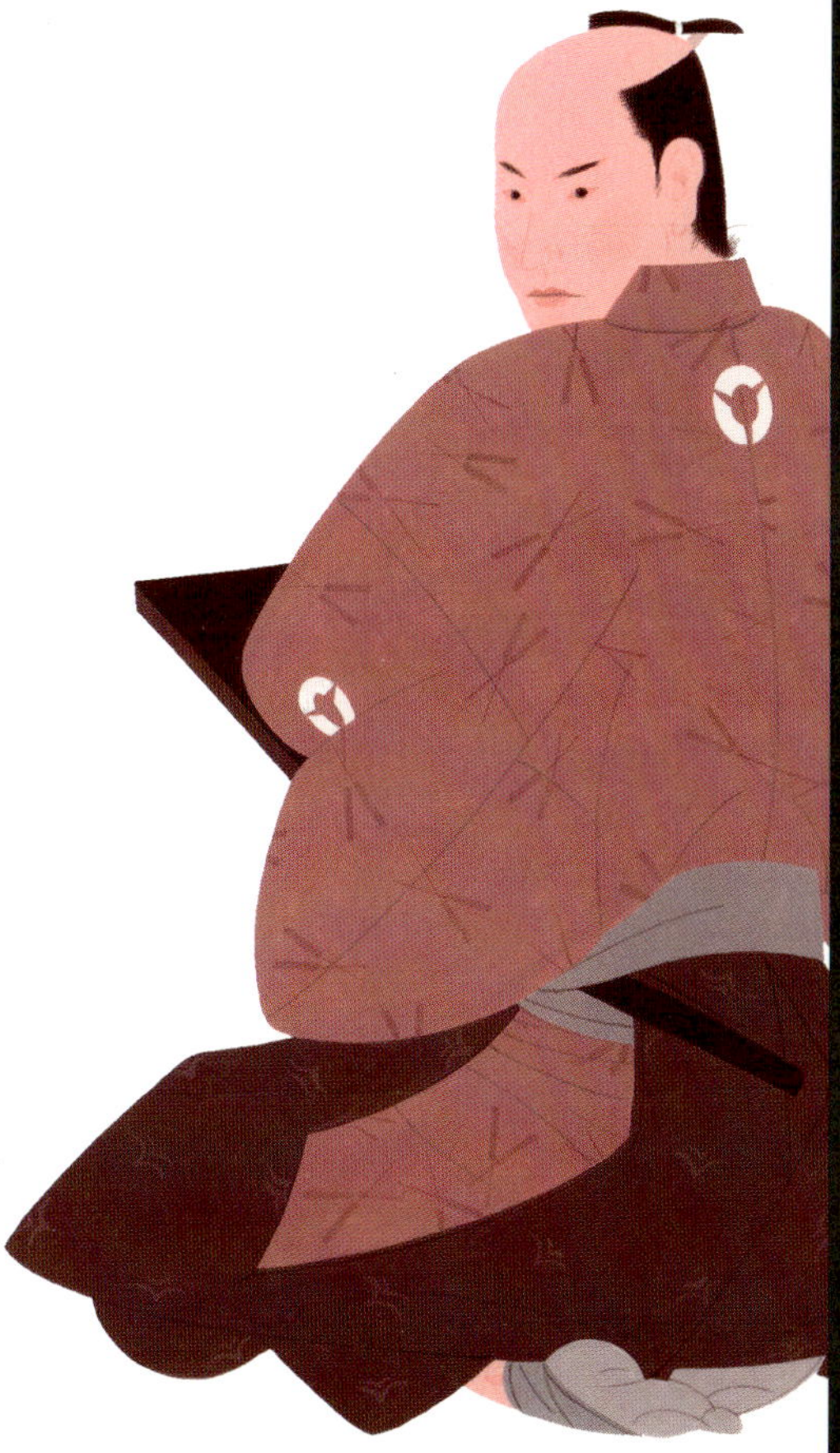

PHP

はじめに

『武士道』は、新渡戸稲造によって英語で書かれ、一八九九年にアメリカで発行されました。のち日本、イギリス、ドイツ、ポーランド、ノルウェー、フランス、中国など各国で翻訳出版され国際的なベストセラーとなった本です。新渡戸は、日本人がもつ美徳の源泉が武士道の中にあることを発見し、義の心や、勇気、思いやり、礼儀、誠実、名誉、忠誠、克己心などについて、愛情を込めて書き記しています。これを読んだセオドア・ルーズベルト大統領は、「感銘を受け、友人に配り読むことをすすめたほどであった」(一九〇五年、第一〇増補改訂版より)と伝えられています。

本書では、第一〇増補改訂版から新しく翻訳し、原文の意味を損なわないよう若干の編集をし、かつオリジナルの図説を加え、『武士道』のエッセンスをやさしく、深く理解していただくことに努めました。

「第一版　序文」より

一〇年ほど前、ベルギーの著名な法学者である故ド・ラブレー教授宅に泊めていただき、歓待を受けた。ある日の散歩の折、話題が宗教の問題になった。「お国の学校では、宗教教育はないということですか?」と、この尊敬すべき教授が問われた。私が「ありません」と答えると、教授は驚いて突然足を止め、「宗教がない! では道徳教育はどうやってやるんですか?」と繰り返し尋ねられた。その時の教授の声は忘れることができない。あの時は、その質問にたじろぎ、その場で答えることができなかった。私が子どもの時分に学んだ道徳の教えは、学校で教わったものではなかったからである。

答えを見つけたのは、自分の善悪の観念を形成しているいろいろな要素を分析し始めてからで、やっと、これらの観念を私に吹きこんだのは、武士道だったことに気が付いた。

この小著を書くことにした直接の発端は、妻から、これこれの思想や習慣が日本で広く行われているのはなぜか、とたびたび質問されたからである。

ド・ラブレー教授と私の妻に、納得のいく答えをしようとしているうちに、封建制度と武士道の理解なしには、現代日本の道徳観念は理解できないことに気が付いたのである。

長患いをしたために、やむなく無為な生活を送っていたのを機に、わが家の会話で妻にした答えのいくつかを、整理して出版することにした。封建制度がまだ維持されていた私の少年時代に、教わったり、聞いたりしたことがその主な内容である。

一方でラフカディオ・ハーンとヒュー・フレーザー夫人、他方ではサー・アーネスト・サトウとチェンバレン教授の間にはさまって、英語で、日本のことを書くのはいささか気が重い仕事である。高名なこれら著述家に対して私が持つ唯一の強みは、彼らが良くても弁護士か検事の立場であるのに対し、私は被告の立場で考えられる点であろう。

もし彼らのような言葉の能力があれば、日本の立場をもっと雄弁に説明できるのに！　とたびたび思った。しかし、借り物の言葉で語る者は、自分の言う意味をわかってもらえるだけでよしとしなければなるまい。

本書全体を通じて、論証しようとすることについては何であれ、ヨーロッパの歴史および文学から類例を引いて説明した。そうすることで、主題について外国の読者の理解が得やすいと考えたからである。

もしキリスト教の宗教上の問題、およびキリスト教関係者についての私の述べたことが、侮辱的に映ったとしても、キリスト教そのものに対する私の態度が問われることはないと信じている。私が共感できないのは、教会のやり方、ならびにキリストの教えを曖昧にする諸々の形式であって、キリストの教えそのものではない。

私はキリストが教え、かつ『新約聖書』により伝えられた宗教、ならびに心に刻まれた律法を信じている。さらに私は、神はすべての民族および国民との間に、それが異邦人であれユダヤ人であれ、またキリスト教徒であれ異教徒であれ、『旧約』とも呼ぶべき契約を結ばれたと信じている。私の宗教観のそのほかの点については、読者の忍耐を煩わせるに及ばない。

この序文を結ぶにあたり、友人ハンナ・C・ハーツホーンに謝意を表したい。彼女からは、多くの貴重な助言をいただいた。

一八九九年一二月

ペンシルバニア州マルヴァーンにて

新渡戸稲造

目次

訳出・編集について

訳出にあたっては、『新渡戸稲造全集　第十二巻』（教文館、一九六九）所収の英語版を底本とした。

編集にあたっては、読解を助けるために、原文の大意を損なわない範囲で若干の割愛をした。

第一章 武士道とは何であるか

今も道を照らし続ける武士道

桜は日本を象徴する花である。そして武士道も、その桜と同じように日本の地に独自に咲いた花なのである。

しかも歴史という標本《ひょうほん》の中に干からびて閉じこめられた、いにしえの美徳ではない。それは今なお、われわれの中にあって美しく力を持って息づいているのである。

武士道を生み、育んだ社会状況が消滅して久しい。

しかし、はるか彼方にかつて存在し、消滅していった星が今なおわれわれに光を注ぐように、封建制度《ほうけんせいど》が生んだ武士道の光は、母なる封建制度が消滅した今なお、われわれの道徳の道を照らし続けている。

何百年もかけ、武士に育まれたもの

本書で述べたいのは次の四点にある。

第一は武士道の起こりとその源、

第二にその教えと特徴、

第三に民衆に与えた影響、

第四にその影響の持続性と不変性、

がそれである。

武士道は今もわれわれの生きる道を照らし続けているのですぞ〜!

*

武士道は、武士が守ることを求められ、またそう躾《しつ》けられる道徳規範《どうとくきはん》である。規範といっても文書に書かれたものではない。口から口へと伝えられるいくつかの格言、あるいはせいぜい何人かの高名な武士または学者が書き残したものがある程度のことである。ほとんどは語られず、書かれることもない規範であった。そうであるからなおさらのこと、真に武士にふさわしい行動をするよう求める力があり、心の内にしっかり刻み込まれていたのである。

それは、いかに有能な人物であっても一人の学者の説を基《もと》に創造されたものではなく、またいかに高名な人であってもその人一人の人生を基に生み出されたものでもない。何十年、何百年かけて武士が育んだものである。

武士道の起源は?

武士道が道徳の歴史において占めるところは、イギリス憲法が政治の歴史において占めるところと同じと言ってよかろう。だが、武士道にはイギリスのマグナ・カルタや人身保護令に相当するものはない。

*

十七世紀の初め、たしかに徳川幕府によって武家諸法度《しょはっと》が制定された。しかし短文の十三カ条で構成されるこのルールは、ほとんどが婚姻《こんいん》、築城、徒党などの規制に関するものであり、教訓的な規範の性格を持つものはほんのわずかしかない。

*

このようなことから、「これが武士道の源泉だ」と言えるような一定の時も場所も

口から口へと伝えられた

人の道

100年

200年

300年

武士道

日本独自の精神

ないのである。ただ、時に関しては、武士道という観念が封建時代に認識されるようになったことから、その起源は封建制度に結び付けられるかもしれない。

　しかし封建制度そのものが、さまざまな糸で複雑に織りなされており、武士道もまた同様に単純ではない。

「侍」と呼ばれた武士階級が台頭した

イギリスにおける封建制の政治的諸制度は、一〇六六年のノルマン朝の創始にその端を発するといわれている。

一方日本においては、十二世紀後半の源《みなもとの》頼朝《よりとも》による鎌倉幕府成立と軌を一にすると言い得るかもしれない。

しかし、イギリスにおいて封建制度につながる社会的要素は、ノルマン朝のウィリアム征服王をはるかに遡《さかのぼ》った時代に見出されるのと同じように、日本においても封建制度の萌芽《ほうが》は頼朝以前から長く存在していた。

そして、これもまたヨーロッパと同じように、日本でも封建制度が政治形態として登場すると、職業軍人としての武士階級が台頭してくる。彼らは「侍《さむらい》」と呼ばれた。この文字の意味は護衛、従者という意味である。

侍と並んで「武家」または「武士」（戦う騎士を意味する）という漢字もあてられ、一般的に用いられた。彼らは特権階級であるが、元来は戦闘を職業とする荒々しい血統であったにちがいない。

戦う必要性から生まれ発展していったんじゃ

武士道が必要になった理由

大きな名誉や特権を得、それに応じて大きな義務を負うようになると、彼らはやがて自分たちの行動について共通の規準が必要であることを感じるようになった。

彼らは絶えず戦闘状態にあり、かつ異なる氏族に属する者たちであったから、その必要性はとりわけ大であった。

これは医者が医者同士の競争を職業上の儀礼として互いに自粛するように、あるいは弁護士倫理を犯した弁護士が査問委員会に出頭するのと同じで、武士もまた彼らの不行跡《ふぎょうせき》に対して最終審判を下すなんらかの規準が必要であった。

＊

喧嘩するならフェアにやれ！　この野蛮で子どもじみた原始的な感覚の中に、なんと豊かな道徳の萌芽が潜んでいることであろうか。これこそがあらゆる文武の道義の源泉ではないのか。

＊

学校生活を描いたイギリスの小説に出てくる幼い主人公、トム・ブラウンの「決して小さい子とは喧嘩せず、大きな子とは逃げずに戦う奴だったという名を残したい」という願いを聞くとき、われわれは、まるで自分はそんな子どもっぽい考えはとっくに卒業したという顔で、思わずほほ笑む。だがこの願いこそ、道徳という大きな建造物を建てる土台であることは、誰もが知っていることだ。最も穏和で最も平和を愛する宗教ですらこの願いを支持するのではないか、と言っても言い過ぎではなかろう。

＊

イギリスという国の偉大さは、このトム・ブラウンの願いが基礎になっていると言える。

武士道が拠って立つ所もこれに比し決して小さくないのである。

武士道には、その精神的基盤となるいくつかの源泉があった。それをこれから順次説明することにしよう。

「侍」と呼ばれた者たちの登場

侍

SAMURAI

戦闘を職業とする
荒々しい者たち

特権階級の台頭

武士

BUSHI

名誉と特権に応じて
大きな義務を負うようになった

そこで、**戦う彼ら**には
共通の規準の必要性が生まれた

第二章 武士道の源は何であるか

仏教が武士道にもたらしたもの

まず仏教から始めよう。

運命に対する穏やかな信頼感や静かな服従心、危険や災いに直面した時の冷静さ、生の軽視と死に対する親近感。仏教は武士道にこれらの観念をもたらした。

剣術師範の第一人者柳生但馬守《やぎゅうたじまのかみ》は、門弟の一人である徳川家光が自分の持つ業《わざ》の極意を習得したと判断した時、家光に「これ以上のことは私の指南の及ぶところではない。あとは禅《ぜん》から学べ」と言ったという。

「禅」はサンスクリット語のディアーナが日本語に音訳されたもの（＝禅那《ぜんな》）である。ラフカディオ・ハーンは、禅とは「言語による表現範囲を超えた思想の領域へ、瞑想《めいそう》をもって到達しようとする人間の努力を意味する」と述べている。

禅は瞑想を手段とし、私の知る限りでは、その目指すところは、森羅万象《しんらばんしょう》の底に横たわる原理を、さらにでき得れば絶対なるものを悟り、そうしてその絶対なるものと自分との調和を図ることにある。

神道で拝むという行為は、おのれ自身を知ること

武士道にとって仏教の教えでは足りなかったものを神道が十分にもたらした。主君への忠誠、祖先への敬意、そして親に対する孝養《こうよう》の教えは神道のみが唱えるところであって、他のいかなる宗教もこれを教えていない。この教えにより、ややもすれば傲慢《ごうまん》になりやすい侍の性格に服従の心が授けられた。

神道の神学理論にはキリスト教に見るような「原罪《げんざい》」という考え方がない。逆に人の魂は、本来的に善なるものであり、神のごとく清浄であるとする。そしてその魂そのものを神託の発せられる神聖な場所として崇敬するのである。

神社に詣《もう》でた人は誰でも、そこに礼拝の対象となるものや道具がきわめて僅《わず》かで、拝殿《はいでん》に掲げられた飾りのない鏡が主たる装飾であることに気付く。

この鏡の存在理由の説明は容易である。鏡は人の心を表すものであって、心が完全に穏やかで澄んでいる時は、そこに神の姿そのものが映るとするのである。社殿の前に立って礼拝するときは、輝く鏡の面に己の姿を見ることになる。だから神道において拝むという行為は、「おのれ自身を知れ」という古代ギリシャのデルフィの神託に相応するものとなる。

ここで己を知るということは、ギリシャの教えにおいても日本の教えにおいても、人間の肉体に関する知識、解剖学や精神物理学の知識を意味しない。ここで意味するところは道徳的意味合いを持つものであり、われわれの倫理観についての内省を意味している。

仏教によってもたらされたもの

生の軽視
死の親近感

神道によってもたらされたもの

主君への忠誠

禅によってもたらされたもの

瞑想による
絶対なるものと
自分との調和

己自身を知ること

神道によってもたらされたもの

人の魂は
清浄であること

知識が真に知識となるとき——孔子と孟子

武士道における厳格な道徳規範は、その多くを孔子《こうし》の教えに拠《よ》っている。孔子は人として守るべき五つの倫理の道として、主君と臣下（治める者と治められる者）、父と子、夫婦、兄弟、友人の五つの関係を挙げた。しかし、これは孔子の書が中国から伝わるはるか以前から、わが民族の本能が認めていたところであって、孔子の教えはそれを確認したにすぎない。

彼の政治道徳に関する教訓は平穏で温和、かつ世才《せさい》に長けたものであり、支配階級となった武士にとって格別ふさわしいものであった。孔子の貴族的でかつ保守的な論調は、統治者としての武家の求めるところによくマッチしたのである。

孔子

孔子に次いで孟子《もうし》も武士道に多大な影響を与えた。孟子の力強く、時にはきわめて民主的な理論は、思いやりのある人々にはことのほか魅力的であった。だがこの考え方は、その当時の社会秩序にとって危険で破壊的であるとすら受け取られ、彼の書物は長いあいだ禁書《きんしょ》となっていた。それにもかかわらず、この偉大な賢人の教えは武士の心に宿り続けたのである。

孔子、孟子の書は青少年の主要な教科書であり、また大人の間の論争の最後の拠り所となった。

孟子

しかしながら、この二人の賢人による古典をただ知っているというだけでは、人は尊敬されなかった。「論語読みの論語知らず」という有名なことわざがあるが、これは儒教を頭の中だけで理解している人を、単なる学問好きで、本質を会得していない人として嘲《あざけ》ったものである。

西郷隆盛は学問好きを「書物の虫」と呼んだ。また江戸中期の哲学者三浦梅園《みうらばいえん》は学問を、食べる前に何度も煮る必要のある悪臭のする野菜にたとえて、「少ししか書を読まぬ者は少し学者臭いが、多く読む者はそれだけ学者臭くなる。両方とも不愉快なことである」と述べた。

これにより彼が言わんとしたのは知識が真に知識となるのは、学ぶ人の心にそれが同化され、その人の品性に表れる時にのみであるというところにある。

西郷隆盛

不安定な時代における間違いのない行い

単なる知的専門家は機械と変わらぬと考えられた。知性そのものは道徳的感情の下位にあるものとされた。人間と宇宙は等しく精神的でかつ道徳的なものであると考えられていたのである。ここにおいて武士道にとっては「宇宙の進行に道徳は関係ない」というイギリスの文学者ハックスレイの意見を受け入れる余地はなかった。

武士道はこのように単なる知識を軽んじた。知識はそれ自体を目的として求めるべきでなく、英知を獲得するための手段として追求すべきだとした。これからして、この究極の目的に達するのをやめた者は、ただ注文に応じて詩歌、格言を作りだす便利な機械であるとみなされた。

このように知るだけに止《とど》まらず、それを実生活において実践するのが真の知識とみなされていた。

以上述べたごとく、武士道の源、すなわち武士道が吸収し、同化していった本質的原理は、それがどのようなものであれ、数は少なく、かつ単純なものであった。

だがそうであったにせよ、それらはわが国の歴史上最も不安定な時代、最も危険に満ちた毎日でさえ、間違いのない行いができるだけの内容を持っていたのである。

かつての武士たちは健全で純粋な性質であった。そして彼らは、有名無名の古代の思想から拾い集めた平凡かつ断片的な教訓の束から、多くの精神的な糧を得たのだ。その上で、時代の要求に促され、この教訓の束から新しくかつユニークな人間像を作り上げたのである。

第三章 「義」とは何であるか

道理に従い、ためらうことなく決断する力

ここでは武士の掟の中で最も厳しい規範、義について考える。

武士にとって卑劣な行為や不正な行為ほど忌まわしいものはない。

江戸中期の経世家《けいせいか》林子平《はやししへい》は、義を決断する力、と定義して次のように言う。

「義は、事の対処にあたって、道理に従い、ためらうことなく決断する力である。死すべき時は死に、討つべき時は討つ、ということである」

幕末勤王《きんのう》の志士真木和泉《まきいずみ》は次のように言っている。

「義は、体を支える骨のようなもの。骨がなければ、首も正しく胴体の上についていることができない。腕も動かなければ、足も立たない。これと同じく義がなければ才能があろうと学問があろうと、人は武士たり得ない。義があれば世に立たなくも何ほどのこともない」

義は人の道である

孟子は「仁《じん》は人の心であり、義は人の道である」と言う。

そして、「その人の道を捨てて顧みず、その心を見失って探そうとしないのはなんと悲しむべきことか。人は鶏や犬を見失っても、探し出す方法を知っている。しかし、心を失えば、その探し方がわからないのだ」と力を込めて述べている。

孟子から三〇〇年後に、遙《はる》か離れた地に現れた偉大な教師キリストが、「私は義の道であり、私を通して見失ったものを見つけることができる」と述べた。この比喩の面影を、ぼんやりとではあるが孟子の言葉の中にすでに見ることができるのではないか。

ちょっと余談になったが、要するに孟子の言わんとするところは、義とは、人が失った楽園を再び取り戻すために辿《たど》るべき、まっすぐで狭い道だというところにある。

男らしく、率直でうそ偽りのない徳行が尊ばれた

わが国の封建制度の末期、それまで長く続いた泰平の時代のおかげで、武士階級の生活にも余暇が生じ、それとともにさまざまな種類の遊興や芸事が行われた。そのような時代においても「義士」と呼ばれることは、学問や芸術に秀でた人に与えられるいかなる名称よりも尊ばれた。わが国では四七人の忠臣のことを、ふつう四七人の義士と呼び、国民教育の場で大きく取り上げられている。

詐術が戦術としてまかり通り、あからさまな偽りが戦略として通用しがちな時代に

■四七人の忠臣＝義士と呼ばれた。「義士」の称号は、学問や芸術に優秀な人に与えられる名称よりも尊ばれた。

あって、この男らしく、率直でうそ偽りのない彼らの徳行は、燦然《さんぜん》として宝石のように光り輝き、賞賛されたのであった。義は武士にとってのもう一つの美徳である勇の双子の兄弟のようなものである。その「勇」を語る前に、「義理」について少し考えたい。

林子平《しへい》いわく…

■林子平(1738〜1793)
江戸時代中・後期の経世家(政治経済分野の専門家)。海防問題に関心を持ち、ロシア南下を警告、蝦夷地(北海道)開拓を説く。

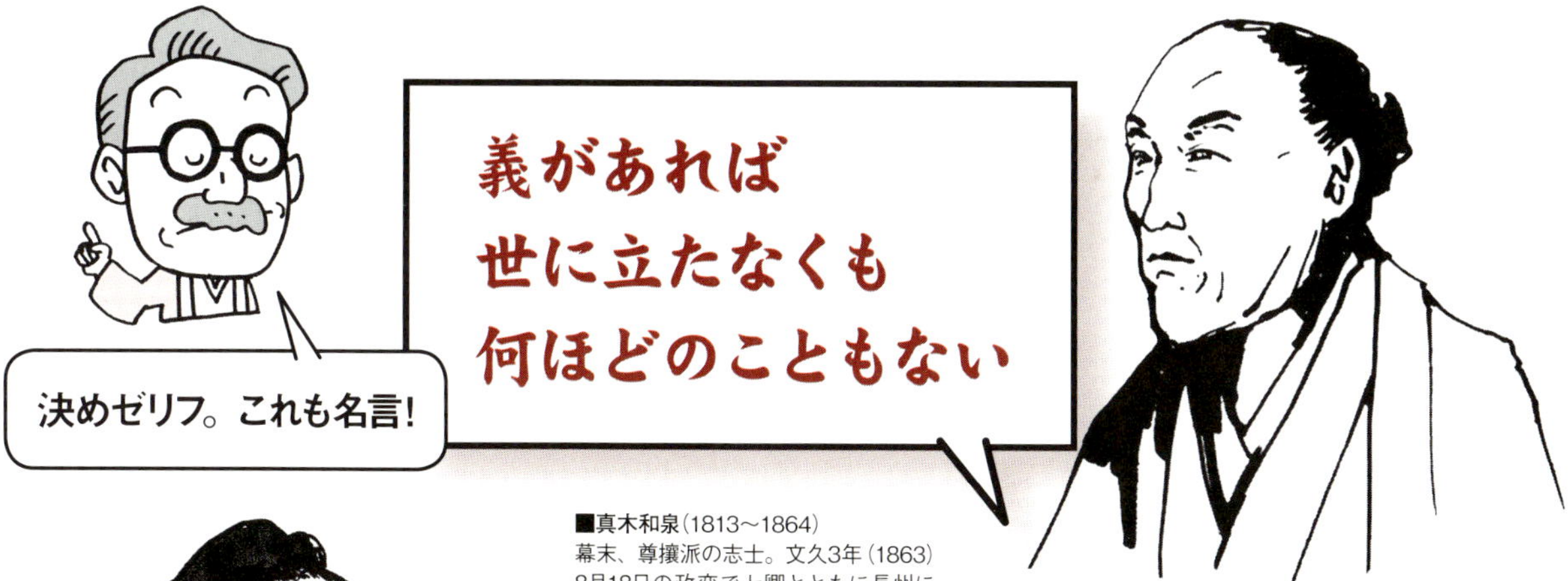

■真木和泉(1813〜1864)
幕末、尊攘派の志士。文久3年(1863)8月18日の政変で七卿とともに長州に逃れ、禁門の変に敗退し、自害。

真木和泉《まきいずみ》いわく…

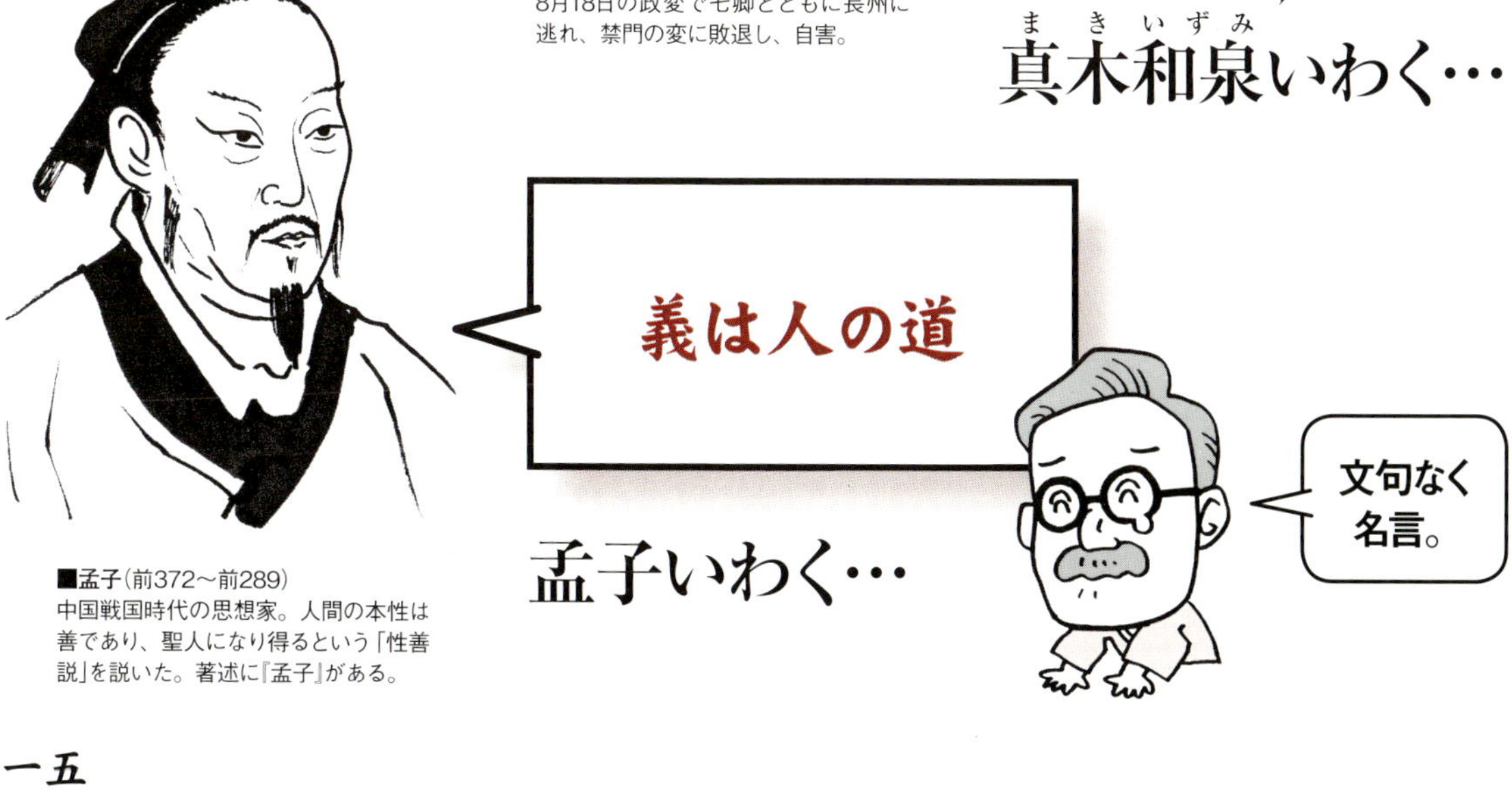

孟子いわく…

■孟子(前372〜前289)
中国戦国時代の思想家。人間の本性は善であり、聖人になり得るという「性善説」を説いた。著述に『孟子』がある。

義理は本来、単純明快な義務を意味していた

義理という観念はもともと義に由来し、その意味も最初は義からわずかに異なるだけであったが、その後、義からどんどん離れてゆき、今や俗世間で誤って理解されるようになってしまった。

義理は文字どおりには「正義の道理」であったが、時が経つうちに世間がその人の立場上履行《りこう》を期待する、漠然とした義務感を意味するようになった。

義理は本来、純粋に単純明快な義務を意味していた。したがって両親に対する義理、目上、目下に対する義理、社会に対する義理などと言う時、この場合の義理は義務という意味であった。

＊

義理はもともと義務以外のものではなかった。義理という言葉ができた理由は、おそらくわれわれの行為、たとえば、父母に仕えるという行為のただ一つの動機は愛であるべきだが、もしそれがない場合、孝行することを命ずるためには何らかの権威が必要になる。そこで社会が義理にその権威を求めたためであろう。

＊

義務が重荷だと感じられると、たちまち義理が介入してその人が義務を怠るのを防ぐことになる。

したがって、義理は厳しい監督者であり、手に鞭を持って、怠ける者を打ち、その役割を果たさせるものなのである。

時を経るうちに義理は堕落してしまった

思うに義理は、社会の中で人為的に作られたさまざまな事情の所産である。実力よりも生まれや育ちを問題にする社会が階級的差別を生み出している。家が社会の単位となっている。年長者が才能の有無に関係なく重んじられる。恣意《しい》的に作られた習慣がしばしば自然の愛情に優先する。そういった社会で義理は生み出されたものである。

こういった人為的な性格であるがゆえに、義理は時を経るうちに堕落し、あれやこれやを説明したり是認したりする際に持ち出される、あいまいな分別《ふんべつ》の道理と化した。たとえば、母親は長子を救うためになぜ他の子どもを全部犠牲にしなければならないのか、娘は父親の放蕩《ほうとう》の費用を作るためになぜ貞潔を売らなければならないのか、などなどを説明する道理となってしまったのである。

もともと「正義の道理」として出発したはずの義理は、多くの場合こじつけに落ちぶれた。それは、非難を恐れる臆病にまでも落ちぶれた。

義理については、イギリスの作家スコットが愛国心について次のように書いたのが当てはまると思う。「それは最も麗しいものである。そうであるからこそまた同時に、他の感情をその裏に持つ最も疑わしい仮面であることが多いのである」。

「正義の道理」からはるか彼方に、あるいははるか下に追いやられ、義理という言葉は醜悪な誤称となった。その言葉の陰にあらゆる詭弁《きべん》と偽善が隠されている。

もし武士道において強烈で正しい意味での勇気、すなわち果敢と堅忍の心がなかったとしたら、義理は簡単に臆病者の巣窟《そうくつ》と化していたことであろう。

次に、その勇気について考える。

・義理の意味の変遷・

義理
＝
「正義の道理」
＝
単純明快な義務

ここは主君に諫言《かんげん》するのが義理だ！

やがて、世間がその人の立場上履行を期待する、「漠然とした義務感」を意味するようになる

不正
ここは社のためぐっとこらえるのが義理だ！

あらゆる詭弁と偽善が隠された醜悪な誤称となる

公費不正旅行
ここは協調のため参加するのが義理だ！

勇気を内包した義理

果敢

堅《けん》忍《にん》

第四章 「勇」とは何であるか

勇は義のために行う

勇は、義のために行うのでなければ、徳目の一つとするだけの価値はほとんどない。

孔子は『論語』の中で、いつもの否定の論法で勇を定義づけし「義を見てせざるは勇なきなり」と説いている。この格言を肯定的な表現に直せば「勇とは正しいことをすることである」ということになる。

あらゆる種類の危険を冒し、自らを危うくし、死地に飛び込む。これらのことが勇気だとしばしばみなされた。武器をとる職業においてはそのような無謀な行為、シェイクスピアの言う「勇気の私生児」が必要以上に賛美されたものだった。

しかし武士道の教えではそうではない。

死ぬに値しないことのために死ぬのは「犬死」とされた。

ギリシャの哲人プラトンは勇気を定義して、「恐れるべきことと、恐れるべきでないことを識別することだ」としている。

このプラトンの名前すら聞いたことのなかった水戸藩主徳川光圀《みつくに》も、次のように言っている。

「単に戦場に駆け入って討ち死にすることは、たやすいことであり、それは卑しい者にもできる。生きるべき時に生き、死ぬべき時に死ぬのが真の勇気である」

勇気は鍛えることができる

西洋においては道徳的勇気と肉体的勇気を区別するが、わが国でも古くから同じように考えられてきた。いやしくも武家に生まれた者で、少年の頃から「大勇」と「小勇」との違いを聞かされなかった者はいない。

果敢、不屈、大胆、泰然、勇気。これらの精神的資質はきわめて容易に少年の魂をとらえ、かつ訓練し手本を見せて鍛えることができる資質である。これらはいわば最も人気のある徳であり少年たちの間で幼い頃から競われた。

戦《いくさ》の手柄話は、少年たちが母親の乳房を離れるか離れないかの頃から繰り返し聞かされる。小さな子が何かの痛みで泣くと、母親が「そんな痛みくらいで泣くとはなんと臆病な。戦で腕を切り落とされたらどうします。切腹を命じられたらどうします」といったふうに子どもを叱るのであった。

歌舞伎『先代萩』に登場する餓えに耐えるいたいけな幼君のことは、日本人は皆よく知っている。芝居の中で、幼君は小姓に次のように言う。「あの巣の中の小さな雀を見てみよ。黄色いくちばしをあんなに大きく開けて。見よ。親が子どもに虫を運んできた。夢中になって、なんて楽しそうに食べてるんだ! だが、侍は腹が減ってもひもじいと思うのは恥なのだ」

勇気とは

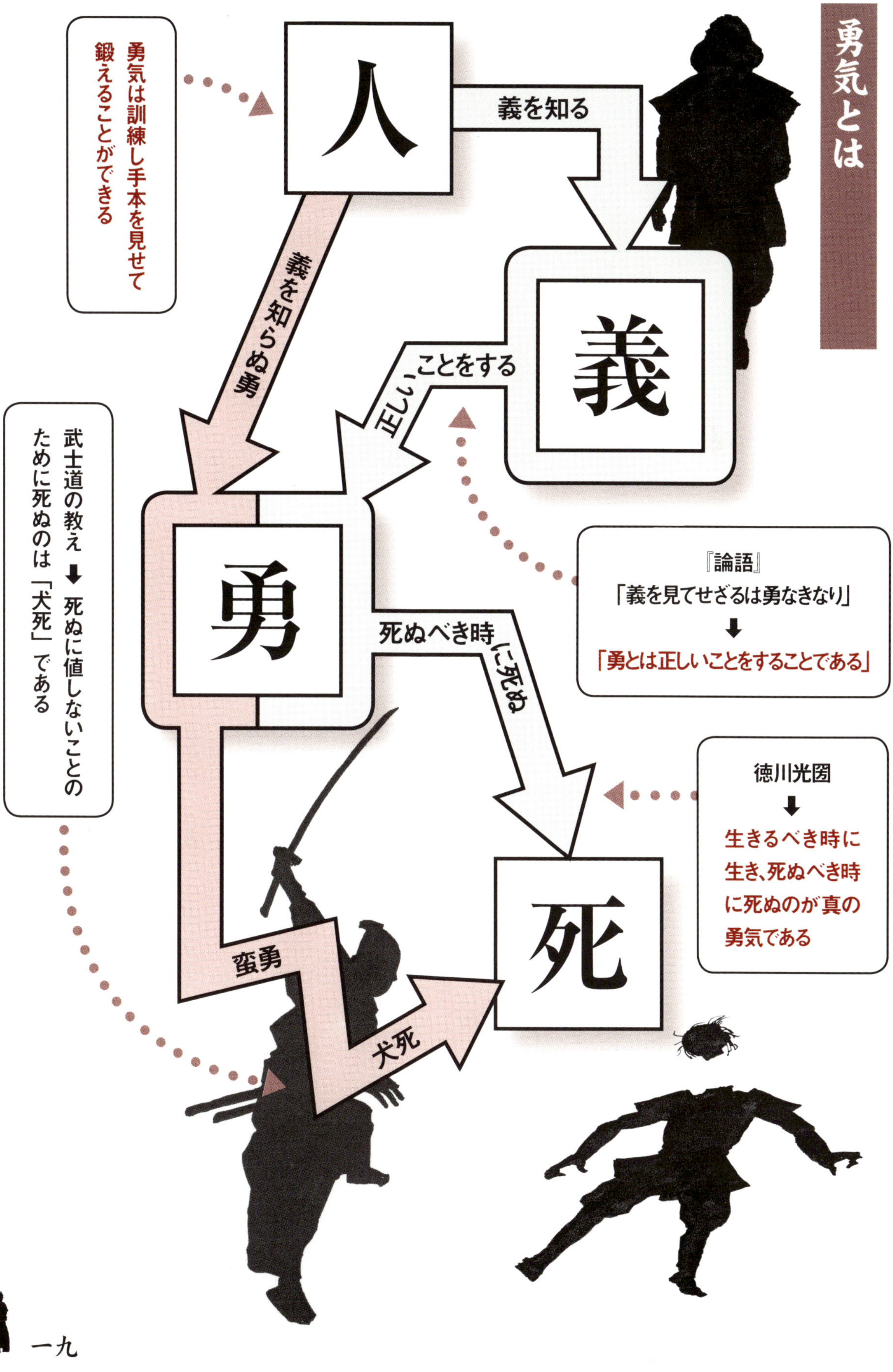

勇気は訓練し手本を見せて鍛えることができる
人
義を知る
義
義を知らぬ勇
正しいことをする
勇
死ぬべき時に死ぬ
『論語』
「義を見てせざるは勇なきなり」
↓
「勇とは正しいことをすることである」
武士道の教え ↓ 死ぬに値しないことのために死ぬのは「犬死」である
蛮勇
犬死
死
徳川光圀
↓
生きるべき時に生き、死ぬべき時に死ぬのが真の勇気である

武士の親は、時に厳しく子どもに試練を与えた

我慢と勇気の話はおとぎ話の中にたくさんある。しかし幼少期に果敢さや大胆さを吹きこむ方法はこうしたおとぎ話だけに限らない。

親は、時には残酷とも思えるほどの厳しさをもって、子どもにその子のありったけの勇気を奮い立たせるような課題を与えた。彼らは「獅子《しし》は子を千仞《せんじん》の谷に落とす」などと言ったものだ。武士の子は辛苦《しんく》の谷に落とされ、永遠に岩を山に持ち上げ続けなければならなかったギリシャ神話のシジフォスのそれに似た仕事に駆り立てられた。時には子どもに食べ物を与えなかったり、寒気の中、あえて外に出したりすることも忍耐精神を養うための効果的な試練と考えられていた。

幼い子どもに全く知らぬ人のもとに言伝《ことづて》を持たせたり、冬の寒気の中、夜明け前に起こし、朝食をとらせずに素足で師匠のもとに素読の稽古に出掛けさせたりもした。

月に一、二度学問の神様である天神様の祭日に何人かで集まり、徹夜で声をあげて輪読《りんどく》することもあった。

また罪人の処刑場、墓場、幽霊の出る噂がある屋敷などといった気味の悪い場所に出かけることは少年たちが好んでした遊びであった。斬首《ざんしゅ》が公開で行われていた時代であったから、幼い少年たちはその恐ろしい光景を見に行かされるだけでなく、夜になって一人でそこに出かけ、本当に行った証拠にさらし首に印を付けてこさせられたりすることもあった。

このような超スパルタ式の「度胸を鍛える」方法は、現代の教育者にしてみればおぞましく疑わしいものであり、そのような鍛え方は、かえって人の心の優しさを蕾《つぼみ》のうちに摘み取ってしまうのではないかと、思われるのかもしれない。

その点については、次の「仁」の章でふれることにする。

勇気を持つための課題

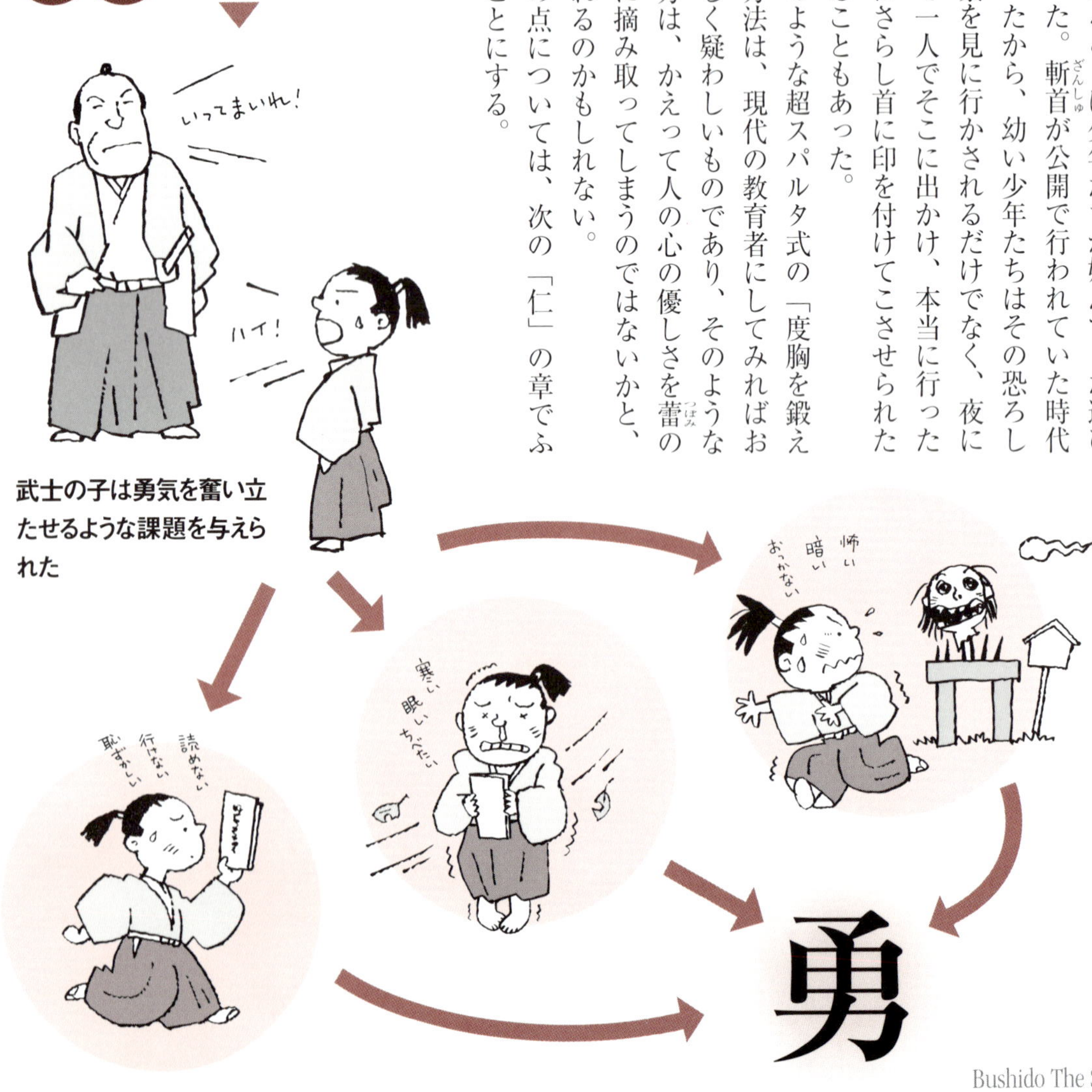

武士の子は勇気を奮い立たせるような課題を与えられた

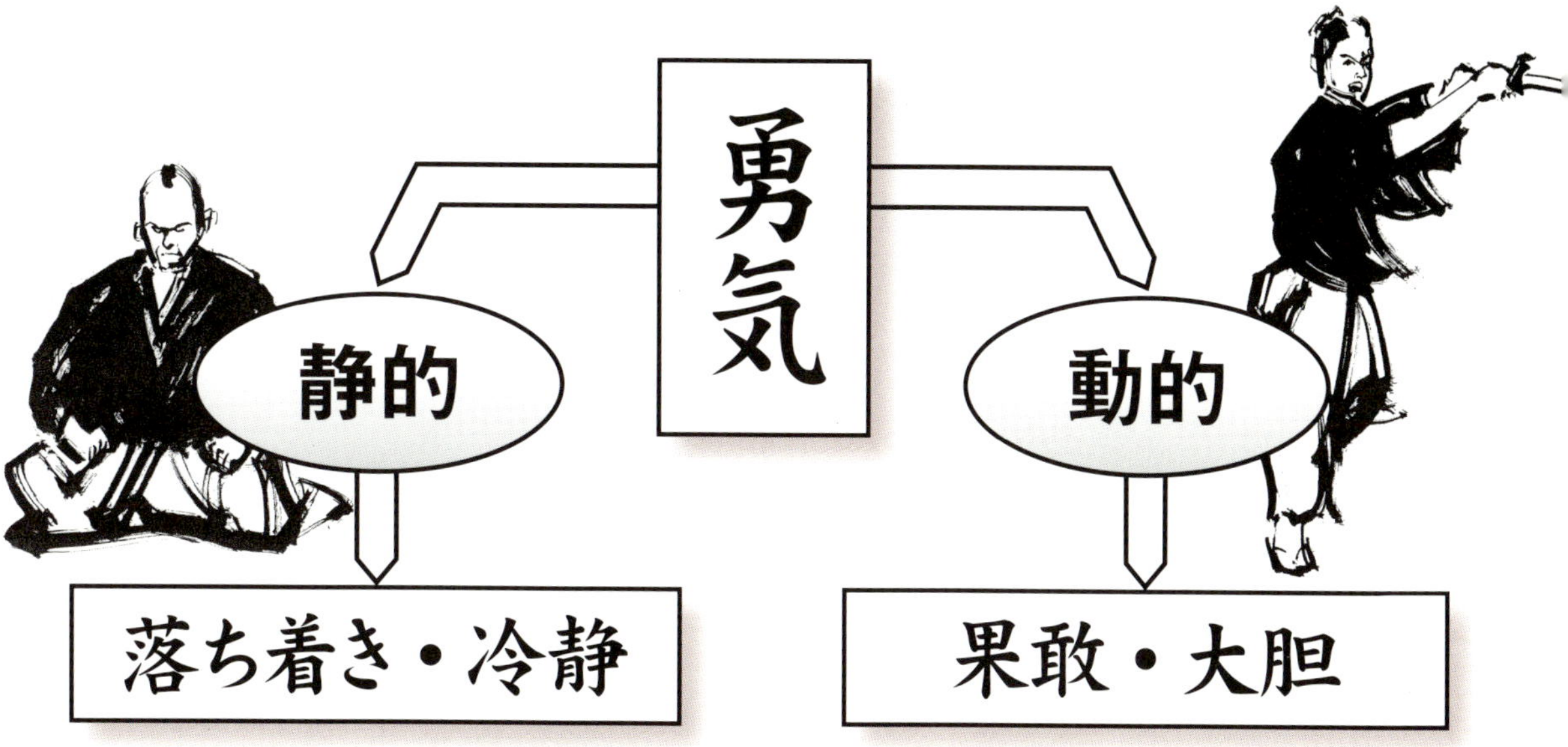

落ち着きは勇気の静的な表れ

勇気の精神的側面には落ち着きということがある。心の穏やかさと言ってよい。落ち着きは静止状態にある勇気である。果敢さが勇気の動的な表現であるのに対し、落ち着きは勇気の静的な表れである。真に勇敢な人は常に落ち着いていて、決して驚き慌てない。何ものによっても心の落ち着きが乱されることがない。激しい戦闘のさなかにあっても冷静であるし、天災地変に際しても平静さを失わない。地震に驚かず、嵐を笑う。差し迫る危険や死を前に沈着冷静さを失わない。

日本人はそのような人物を真に偉大な人間として賞賛するのである。差し迫る危険を前に詩を作り、あるいは死を目前にして、歌を吟じたりするような人である。そのような場合でも筆跡にも音声にもなんの乱れもない。そのことが、まがうことのない心の広さを示す証《あかし》とされる。これこそ我々が心の余裕と呼ぶものである。慌てず、騒がず、常にゆとりを残している心である。

次のような挿話が史実として信じられている。

江戸城を築いた太《おお》田《た》道灌《どうかん》が刺客に槍で刺された時のことである。道灌が詩歌を好むことを承知していた刺客が、次のような上の句をよんだ。

「かかる時さこそ命の惜しからめ」

息絶えようとしていた道灌は脇腹に受けた致命傷に全く怯《ひる》まず、これに次の下の句を添えた。

「かねて無き身と思いしらずば」

敗軍の将に対する態度

勇気には明るく陽気な要素もある。凡人にとっては深刻なことであっても、勇者には単なる遊戯に受けとられることがあるのである。昔の戦場では、合い戦う同士がウイットに富んだやりとりをしたり、歌を詠み合戦を始めるのも稀《まれ》ではなかった。合戦は単なる野蛮な力のぶつかり合いではなく、知的な競技でもあったのである。

このことを示す例が十一世紀末に起きた前九年の役での衣川の戦いにある。奥州軍が敗れ、大将安部貞任《あべのさだとう》が逃げだした。追っ手の大将源義家《よしいえ》が激しくこれを追い、大声で「敵に後ろを見せるのは汚い。引き返せ」と叫んだ。

貞任が馬を止めたのを見た義家が大声で即興の下の句を叫ぶ。

「衣のたてはほころびにけり」

敗軍の将貞任は、その声が終わるか終わらぬうちに、うろたえもせず、

「年を経し糸のみだれの苦しさに」と上の句を返した。

義家は引き絞っていた弓をゆるめて、馬を返し、目前の敵が逃げるに任せた。その奇妙な振る舞いのわけを尋ねると、敵に激しく追われながら心の落ち着きを失わない剛の者を辱めるにしのびない、と答えたという。

ブルータスの死に際して、アントニウスとオクタヴィアヌスが感じた悲しみは、勇者なら誰もが経験するところである。

「仁」に近づく勇気

武田信玄と十四年間戦い続けた上杉謙信は、信玄の死を聞いた時、「最も偉大な敵」がいなくなったと声を上げて泣いたといわれる。信玄への対処の仕方で、どのような時代にあっても範とすべきものを示したのも同じ謙信である。

信玄の領地は山国であり海から遠い。このため塩の供給を東海道に拠る北条氏に常に依存していた。北条氏は、信玄と交戦状態にはなかったが、勢力弱体化を狙って、この必需品の交易路を封鎖した。謙信は、領地の沿岸地域から塩は調達できる。敵の窮状を知った時、謙信は信玄に書状を出した。

その中で彼は、北条氏の行為はきわめて卑劣だと思うこと、互いに戦ってはいるが家臣に必要なだけの塩を提供するよう命じたことを述べたあと、「私は貴下と弓矢をもって戦っているのであり、塩をもって戦っているのではない」と付け加えた。この言葉は「ローマ人は金をもって戦わず、鉄をもって戦う」という古代ローマの将軍カミラスの言葉と全く同じことを意味している。

ドイツの哲学者ニーチェは「己の敵を誇りとせよ。そうすれば敵の成功は己自身の成功ともなる」と書いているが、これはまさに武士の心情に当てはまる。

勇気と名誉を重んじる者は、平時において友とするに値する者だけを、戦時における敵とすべきだとされた。

勇気がこの高みに達したとき、
それは「仁」に近づく。

衣のたてはほころびにけり

追っ手の大将源義家が
大声で即興の下の句を叫ぶ

年を経し糸のみだれの苦しさに

敗走する大将安部貞任が
うろたえもせず上の句を返す

▼上杉謙信と武田信玄の戦い

私は貴下(武田信玄)と弓矢をもって戦っているのであり、塩をもって戦っているのではない

上杉謙信

敵に塩を贈る

自分が戦っている敵に塩を提供した

高みに達した勇気

↑

武士の勇気

▼前九年の役の安部貞任と源義家

敵にはげしく追われながら心の落ち着きを失わない剛の者(安部貞任)を辱めるにしのびない

源義家

目前の敵が逃げるに任せた

戦いは勝ってこそ!兵糧責めも戦略の一つと思っておったが…ふーむ

もう少しで大将首がとれたはず。わしなら戦っておったが…ふーむ

勇気と名誉を重んじる武士の心情=「平時において友とするに値する者だけを、戦時における敵とすべし」

第五章 「仁」について

「仁」は古来最高の美徳

仁、すなわち愛、寛容、他者への思いやり、憐れみの心は古来最高の美徳とされ、人の魂の属性の中で至高のものとされてきた。

それは二重の意味において王者の徳と考えられた。一つには高貴な精神が持つ多様な特性の中の王者としてであり、二つには王者たる者に最もふさわしい徳という意味においてである。

*

孔子や孟子も繰り返し、人の上に立つ者に求められる一番重要な条件は仁にあると説いた。

孔子は言う。「君子はまず徳を積め。徳があれば人が集まり、人が集まれば領土ができ、領土は財をもたらし、財は正しい使い道をもたらす。徳が根本であり、財はその結果である」。さらに「仁を好む君主のもとでは、民は必ず義を好むものだ」とも。

孟子は孔子を受けついで「仁なくして一国を得た者の例はある。しかし仁なくして天下を得た者の例は聞かない」と言う。「民の心服を得ることなしに王となった者はいない」とも言っている。

孔子も孟子も、天下を治める者に不可欠なこの条件を定義して「仁は人が人たる所以《ゆえん》」であるとしている。

「仁」が国をよくする

封建制度の下では武断政治に陥りやすい。わが国が最悪の種類の専制政治に陥らずにすんだのは、仁のおかげと言ってよい。支配される側が「身体と命」を無条件に捧げると、統治において残るのは支配者の意思だけになる。その当然の結果として、往々に「東洋的専制」と呼ばれる絶対主義の発達をもたらした。もっともこの呼び方は、西洋には一人の専制君主もいなかったと思わせるかのような言い方ではある！

私はおよそいかなる専制政治も支持する

仁は人の上に立つ者に求められる最重要な条件

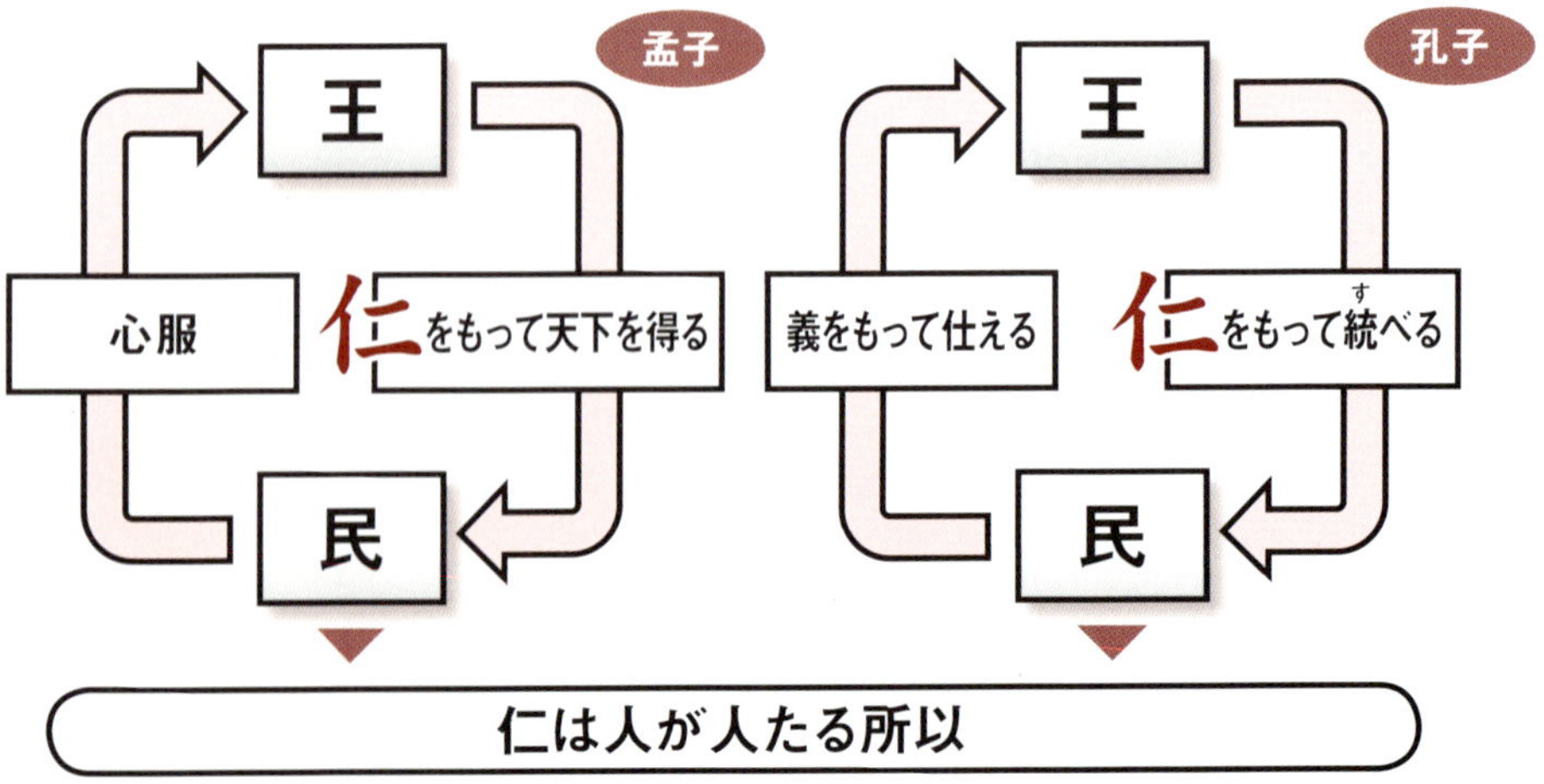
孟子
王
心服
仁をもって天下を得る
民
孔子
王
義をもって仕える
仁をもって統《す》べる
民

仁は人が人たる所以

者ではない。そして、封建政治を専制政治と同一視するのも間違いだと思う。プロシアのフリードリッヒ大王が「王というものは国家の第一の召使である」と書いた時、法学者が自由の発展が新しい段階に入った、と考えたのは当を得たことであった。

偶然だが、ちょうどその頃日本では、東北地方の米沢藩で、上杉鷹山《ようざん》がまさに同じような宣言をしている。「君主は国家人民が立てたものであって、君主のために国家人民があるのではない」というもので、封建制が専制、圧制とは限らなかったことを示している。

封建制度においては、君主は家臣に対して相互的な義務を負っているとは考えなかったが、祖先や天に対しては強い義務感を有していた。君主は民の父であり、天からその民を慈しむことを委ねられたと考えたのである。

中国の古典『詩経』には「殷《いん》王朝は人心を失う前は天の前に出ることができた」とある。

一方孔子は『大学』において「君主が民の好むところを好み、憎むところを憎む時、その君主は人民の父母といえる」と言っている。

ここにおいては、民衆の意向と君主の意思、すなわち民主主義と専制主義とが融合していたのである。

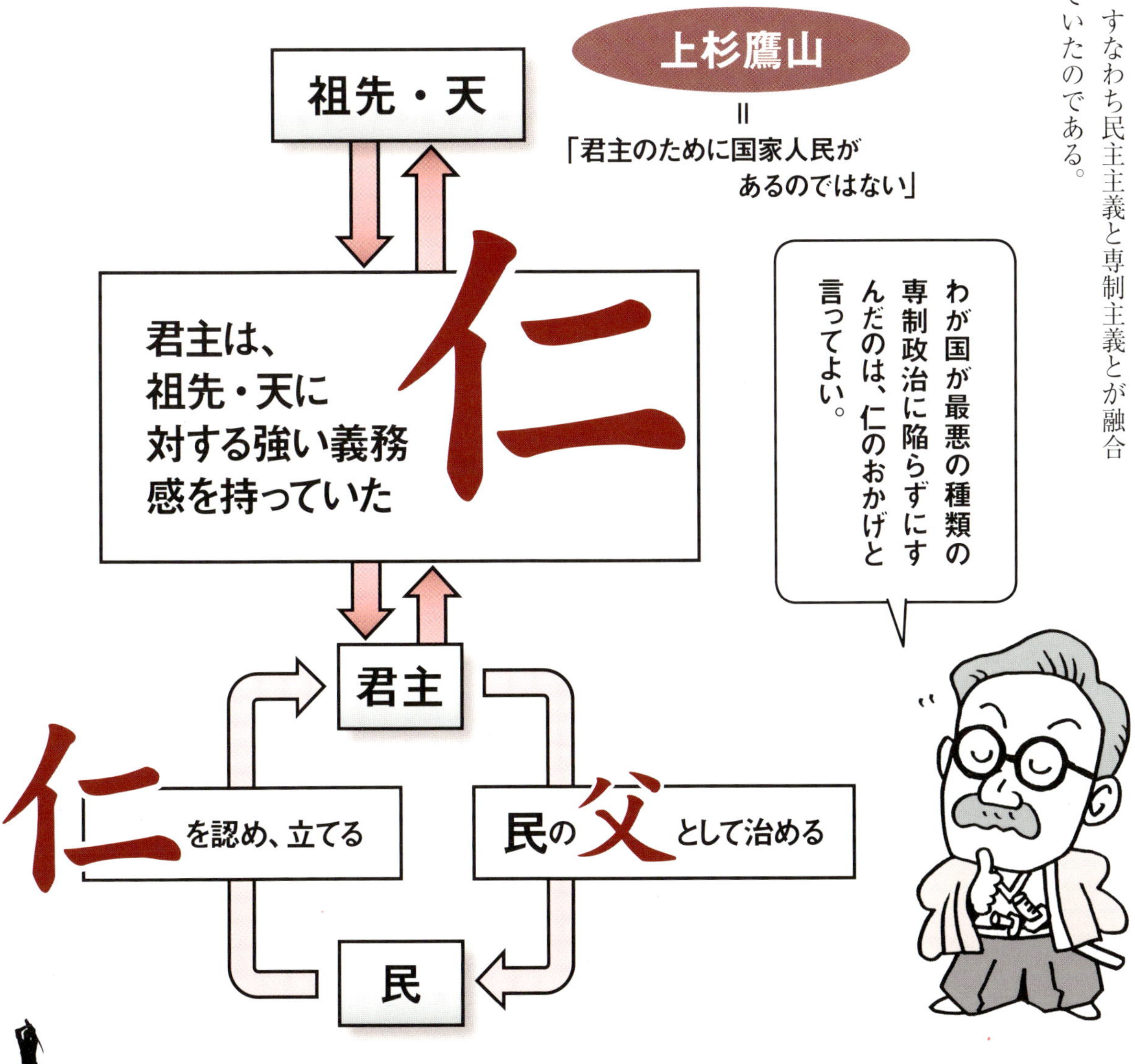
上杉鷹山
＝
「君主のために国家人民があるのではない」
祖先・天
君主は、祖先・天に対する強い義務感を持っていた
仁
君主
仁を認め、立てる
民の父として治める
民
わが国が最悪の種類の専制政治に陥らずにすんだのは、仁のおかげと言ってよい。

武士の情け

アングロ・サクソン（イギリス系の人々）の持つ観念からすれば、道徳と絶対権力という言葉の間には、調和などあり得ないということになろう。

ロシアの政治家ポベドノスツェフは、イギリスとその他のヨーロッパ諸国の社会基盤の相違を鮮やかに説明している。すなわちイギリスの社会は高度に発達した独立した人格を基礎に形成されるのに対し、ヨーロッパ大陸の社会においては共通の利害を基礎に形成されるというのだ。

彼の言う、「ヨーロッパ大陸諸国、ことにスラブ系諸国民の間では、個々人がまずなんらかの社会的組織に依存し、最終的には国家へ依存する」という点は、日本人にはまさに二倍にも三倍にも当てはまる。

したがって、わが国民にとっては、君主が権力を自由に行使することがヨーロッパにおけるほどには重圧には感じられていないばかりでなく、権力の行使自体が人民に対する父権的な配慮によって一般的に穏やかなものとなっていた。

＊

仁は柔和な徳であって、母の心のようである。まっすぐな道義と厳格な正義がことさらに男性的であるとすれば、仁は女性的な優しさと諭《さと》す力を備えている。日本人はしかし、正義と道義で制御されない、見境のない慈悲というものを避けてきた。

よく引用される伊達政宗の「義に過ぎれば固くなる。仁に過ぎれば弱くなる」という格言は、その点をよく突いている。

幸いなことに仁は美しく、かつ稀有《けう》のことではない。なぜなら、アメリカの詩人ロングフェロウが詠《うた》うように、「勇気ある者は優しき者、愛ある者は勇気ある者」ということは普遍的な真理だからである。

「武士の情け」という表現は、日本人の心にある気高い情感に一気に訴えてくるものがある。武士の持つ慈悲の心が他の人々のそれと別に異なるわけではない。だが、この表現に強く訴えるものがあるのは、その情けが衝動的に生まれた慈悲ではなく、正義に照らしたものであることを意味し、かつ単なるその場の心を表すのではなく、背後に生殺与奪《せいさつよだつ》の力を感じさせるからである。

苦しんでいる人、窮地にある人を思いやる

武士は武力と、それを行使する特権を持つことを誇りとしたが、同時に彼らは孟子の説く愛の力も完全に認めていた。

孟子は「仁はその力を妨げる何物をも打ち破る。それはあたかも水が火に勝つようなものだ。仁の力を疑う者は、馬車に載せた薪《まき》についた火を消すのに茶碗一杯の水で消せなくて、水の力を疑うようなものである」と説く。さらに、「人を思いやる心が仁の根源である」とも言う。仁の心を持つ人は常に苦しんでいる人、窮地にある人を思いやるということである。イギリスの経済学者アダム・スミスは倫理学の拠って立つところを思いやりに置いたが、孟子はそのはるか以前に同じ主張をしていた。

実際のところ、わが国の武士の名誉の掟が、他国のそれと非常に似たところがあるのには驚かされる。言い換えると非難されることの多い東洋の道徳観念が、ヨーロッパ文学における最も高貴な金言の中にさえ見出されるということである。

「敗れた者を安んじ、おごり高ぶる者をくじき、平和の道を立てること――それが汝《なんじ》が勤め」

この有名な金言を日本の紳士に見せたら、その作者ギリシャ詩人ヴェルギリュウスは、日本の文学から盗用したと非難されるかもしれない。

正義
仁
仁は正義と道義によって制御され、武士の情けとなった。
女性的な優しさ
人を諭す力
正義に照らした慈悲
生殺与奪の力
武士の情け
正義に照らしてみて初めて
生まれる気高い情感
義に過ぎれば固くなる。仁に過ぎれば弱くなる
思いやりに拠って立つ倫理学
倫理学
思いやり
思いやり
思いやり
義
仁
仁
仁
仁
ヨーロッパも東洋も
道徳観は似ている
アダム・スミス
伊達政宗

敗れた者への「仁」

　弱者、虐《しいた》げられた者、敗れた者への仁は、とくに武士にふさわしいものとして賞賛された。

　日本美術の愛好家は牛の背に後ろ向きに乗っている僧の絵を知っているに違いない。

　その僧はかつて、その名を聞いただけで人が震えあがった武士であった。わが国の歴史を決めた戦いの一つである須磨の浦での激しい戦闘（一一八四年）の際の話である。

　その僧、当時の熊谷次郎直実《なおざね》は一人の敵に追いつき、一騎打ちで敵をたくましい腕に捕えた。当時はこのような場合、戦場の儀礼として、劣勢のほうが高い身分の者、あるいは同じ能力の者でないかぎり、血を流してはいけなかった。屈強な直実は相手の名前を知ろうとしたが、相手は明かすことを拒《こば》んだ。やむなく兜《かぶと》を乱暴に剥《は》いだところ、中から現れたのは、まだ髭《ひげ》もない美しい若武者の顔であった。驚いた直実は腕をゆるめ、その若者を立たせ、父親が諭すように他の敵が迫らぬうちにその場から逃げるように命じた。

　若者すなわち平敦盛《たいらのあつもり》は逃げることを拒み、双方の名誉のためにこの場で自分の首を討てと言う。

　百戦錬磨の直実が白髪の頭の上にかざした刃《やいば》がきらりと光る。それまでに数えきれないほどの命を断った刃である。しかし彼の勇猛な心もひるんだ。今日、初陣を迎え、ほら貝の音に合わせて先駆けしていった息子の姿が瞬間脳裏に浮かんだからである。直実の屈強な腕が震える。直実は今一度敦盛に逃げるよう懇願したが、敦盛は聞かない。味方の軍勢の押し寄せる足音が聞こえてきた。

　直実は大声で叫ぶ。「かくなる上は名もない者の手で討たれるよりは、わが手にかけ、後の供養もわが手で致さん」

　刃が空中に閃《ひらめ》き、振り下ろされた時、刃は若者の血で紅に染まっていた。

　戦いが終わり、直実は凱旋《がいせん》したが、彼はもはや勲功や名誉を気に掛けることはなかった。彼は輝かしい軍歴を捨て、頭を丸め、僧衣をまとい、後の人生を、そこから救いがくるという西方浄土のある方角、毎日陽が沈んでいく西方に背を向けないようにしながら聖なる巡礼に費やした。

　この物語には、こじつけでおかしなところがあると批評する人があるかもしれない。しかし、いずれにせよ、優しさ、憐れみ、愛といった特性が、武士の血なまぐさい軍功の陰に潜んでいたことを示している。

内面に「優しい心」を育てる

　白河藩主松平定信が書き留めた随想の中に、次のような言葉がある。

「静かな夜、寝所に入り込んできても責められないのは、花の香り、遠いお寺の鐘の音、霜夜にすだく虫の音」

「憎くても許すべきは、花を散らす風、月にかかる雲。許されないのは、考えなく争う人」

　武士に詩歌を詠《よ》むことが奨励されたのは、優しい情緒を外面に表現することで、内面にそれを育てるためであった。したがって、わが国の詩歌には、その底に哀感と優しさが強く流れている。

＊

　簡潔で、警句的な要素を盛り込むのに適したわが国の歌の形式は、とっさの感情を表現するのにきわめて適している。どのような素養を持つ人であれ、誰もが、歌を作ったり、味わったりすることができた。合戦の場におもむく途中で立ち止まり、腰の矢立を取り出して歌を詠むことはしばしばであった。そして彼らが戦死した後、兜や胸当てが外されたとき、詠んだ歌が見つかるのであった。

激しい戦いの恐怖の中にいても、他者への憐れみの心を起こさせるのは、ヨーロッパではキリスト教がその役割を果たしたが、日本ではその役割を音楽と詩歌が果たしたのである。

優しい感情が涵養《かんよう》されると、他者の苦しみに対する思いやりの気持ちが育っていく。他者の感情を尊重するところから生まれる謙虚さと丁寧さ、それが礼の根源である。

熊谷次郎直実は一人の敵に追いつき、一騎打ちで敵をたくましい腕に捕えた。

直実は、そのまだ髭もない若武者（平敦盛）を立たせ、父親が諭すように他の敵が迫らぬうちにその場から逃げるように命じたが、若武者はそれを拒んだ。

直実は大声で叫ぶ。
「かくなる上は名もない者の手で討たれるよりは、わが手にかけ、後の供養もわが手で致さん」

戦いが終わり、直実は僧衣をまとい後の人生を、毎日陽が沈んでいく西方（西方浄土のある方角）に背を向けないようにしながら聖なる巡礼に費やした。

第六章 「礼」について

礼の最高形態は「愛」

真の礼儀正しさ、すなわち礼とは、他人の感情に対する思いやりの心が、外に表れたものでなければならない。また、それは物事の道理に正当な敬意を払うことであり、したがって、社会的な地位にも正当な敬意を払うことを意味する。

ここで社会的地位というのは貧富の差ではなく、尊敬に値する人間か否かの差のことである。そして、礼も最高の域に達すると、ほとんど愛に近い。

ヨーロッパの人々が日本人の繊細な礼儀作法の躾《しつけ》について、軽蔑的な言葉を弄《ろう》するのを聞いたことがある。「そのことに余りに頭を使い過ぎ、どんな細かなことも作法どおりでなければならないのは馬鹿げたことだ」という批判である。

私は念の入った儀礼を取るに足らないものとは考えない。儀礼は一定の成果を達成するために、最もふさわしい方法は何かを長年試みた結果完成したものである。

何かを為そうとする場合、必ず最良の方法があるはずである。そしてその最良の方法とは、最も無駄がなく、かつ最も優雅な方法であるのだ。イギリスの社会学者スペンサーは、「優雅さとは最も無駄のない立ち居振る舞い」と定義した。

例えば茶道の作法は、茶碗、茶杓《しゃく》、茶巾《きん》などの扱い方に一定の手順がある。それは初心者には退屈なものに思える。しかしやがて、定められた手順が結局は時間と手間を省く最良の方法であり、言い換えれば、それは力の無駄を省いた最も経済的なやり方であり、スペンサーの言うところの最も優雅な方法だと気付くのである。

心を磨く茶の湯

茶の湯は、最も簡単なことが一つの芸術となり、精神修養の道となりうる例証と言える。

茶の湯の基本である心の静けさ、感情の穏やかさ、静かな立ち居振る舞いは、疑いもなく、当を得た思索と感情を生み出す第一の条件である。俗世の喧騒《けんそう》から切り離された小さな部屋の、徹底した清浄さそのものが、俗世界から思考を切り離す役割をする。飾り気のない室内には、西洋の客間に見られるたくさんの絵画や骨董品《こっとう》のように人の目を奪うものはない。壁の掛け軸が、色彩の美しさよりも構図の優雅さでわれわれの目を惹きつける。茶の湯の目指すところはセンスを極限まで洗練するところにある。したがって、何事にせよ、わざとらしさは宗教的とまで言える嫌悪感をもって拒絶されるのである。

茶の湯は単なる儀式以上のものである。それは、メリハリのある動作が韻律を作る詩である。そして、それは精神修養の実践方式であり、茶の湯の最大の価値はまさにそこにある。

茶の湯が、戦乱やその噂の絶えなかった時代に、一人の瞑想的な遁世者、千利休により大成されたという事実は、これが単なる時のすさび以上のものであることを示すに十分である。茶の湯の参会者は、茶室の静かな空間に入る前に、大小の刀とともに、戦場の残虐さや政治の煩わしさを置き捨てて、平安と友情をそこに見出すのであった。

◆茶室図（草庵風茶室）◆

【広さの定義】
広間 ＞ 四畳半 ＞ 小間

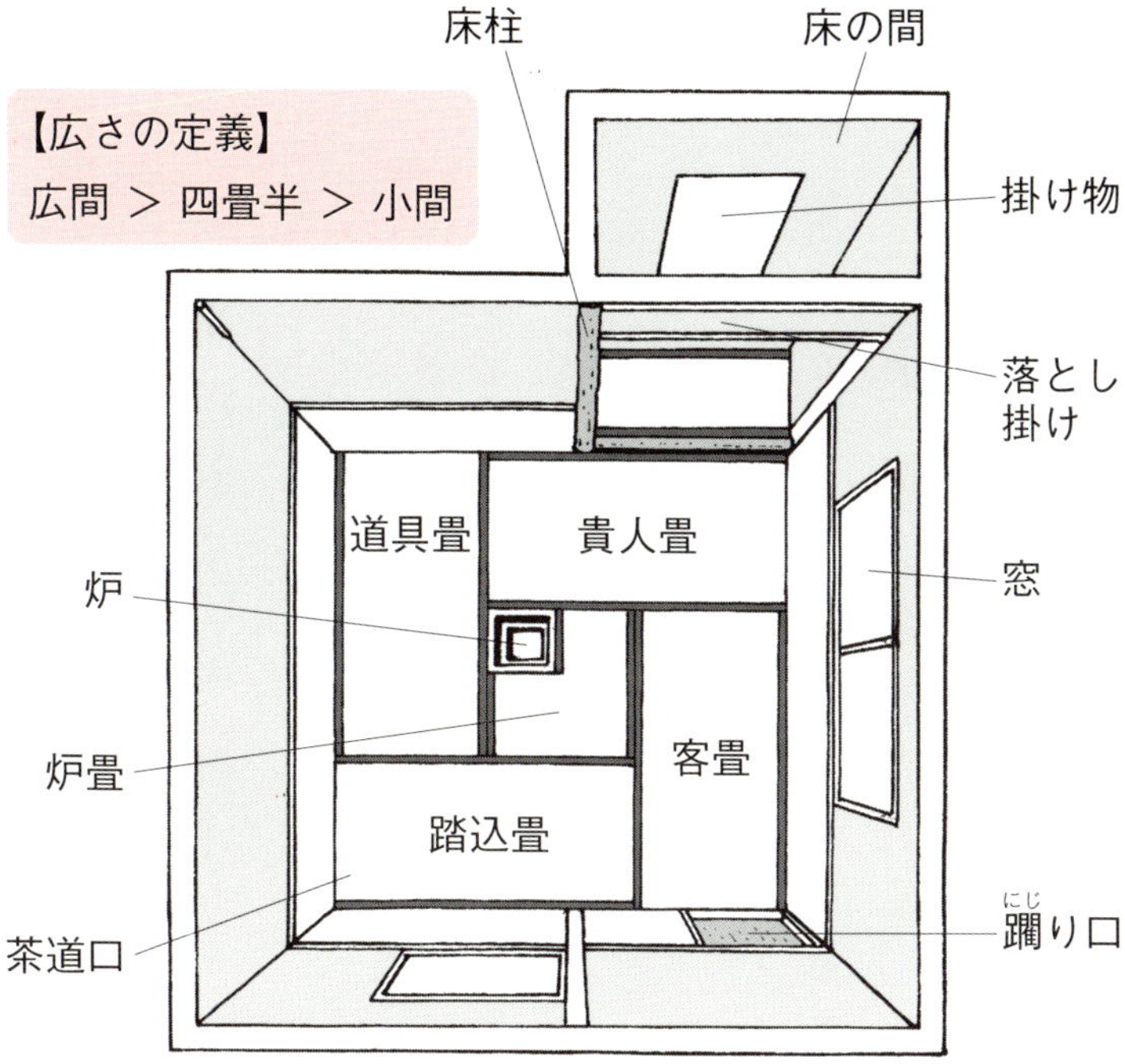

床柱
床の間
掛け物
落とし掛け
窓
躙《にじ》り口
道具畳
貴人畳
炉
炉畳
客畳
踏込畳
茶道口

茶の湯

心を磨く精神修養の場

◆立ち居振る舞い図◆

座り方

亭主の場合 両手を重ねず自然な形で膝の上に置いて座る。

客の場合 背筋を伸ばして座り、両手は膝の上。左手の上に右手を重ねる。

お辞儀

真 shin

型 両手を膝の前におろし、上体を深々と倒す。
時 主客の総礼に行う。

行 gyou

型 手のひらが畳につくまで上体を倒す。
時 客の挨拶「お手前頂戴いたします」に行う。

草 sou

型 指の先が畳に軽くつくまで上体を倒す。
時 亭主による点前中の挨拶に行う。

◆利休が語った茶道の基本

千利休（一五二二〜一五九一）
安土・桃山時代の茶人。千家流茶の湯の開祖、侘茶を大成。堺の商人出身で、茶道を北向道陳・武野紹鷗に学ぶ。織田信長・豊臣秀吉の茶頭を務め、草庵風茶室を創意した。

「利休七則」

茶は服のよきようにたて
（茶はおいしく飲んでいただく）

炭は湯の沸くように置き
（湯はほどよく沸かす）

夏は涼しく、冬は暖かに
（快適な工夫を心がける）

花は野にあるように
（天然自然を重んじる）

刻限は早めに
（時間には余裕を持たせ、少し前から準備する）

降らずとも雨の用意
（不意の出来事にもあわてないように用意をする）

相客に心せよ
（おたがいに尊重しあう）

悲しむ人とともに悲しみ、喜ぶ人とともに喜ぶ日本人の礼儀

礼儀が人の立ち居振る舞いに優雅さを与えるだけのことだとしても、それを習得するのは大いに意義のあることである。しかし礼儀の役割はそれだけに止まらない。

なぜなら、礼儀は同情が優雅に表現されたものだからである。それは人への思いやりと謙遜から発して、他人の感情の機微に対する優しい気持ちによって作動するのである。

礼儀が要求するところは、嘆き悲しむ者とともに悲しみ、喜ぶ者とともに喜ぶことである。この教訓を、日常生活の細かい場面に適応すると、礼儀は誰も気付かないような行為となることがある。また人が気付いたとしても、二〇年以上日本に滞在する女性宣教師がかつて私に言ったように「非常におかしく」見えることもあり得るのだ。彼女の話はこうだ。

暑い日の盛りに外に出て、照り付ける太陽を避ける物は何も持っていなかったとする。その時に顔見知りの日本人に出会う。挨拶するとその相手の日本人はすぐ帽子を取る。ここまではきわめて自然だ。しかしこの宣教師にとって「非常におかしい」のは、その相手が話の間中、差していた日傘を閉じて彼女と同じ状態で炎天下に立っていることである。なんと馬鹿げたことを！

なるほど、まさしくそのとおりである。もし相手の行為の動機が次のようなものでなかったならば、だ。その相手の人は、こう思っていたのである。「あなたは日傘なしに炎天下にいますね。そのことに同情します。もし私の日傘が二人入れるほど大きいか、あなたと私の関係がもっと親しいなら、喜んで日傘の下に入ってもらうのですが。そのどちらでもなく、あなたに日陰を作ってあげられないので、私もあなたの不快さを分かち合います」と。

これと同じような、いやもっとおかしく見える小さな行為でも、それは単純な動作や習慣ではない。他人のことを気遣う深い感情が動作に表れたものなのである。

贈り物をする側の気持ちを伝える日本人

アメリカでは贈り物をする時、贈るほうが受け取るほうに贈る品を賞《ほ》める。日本では贈る品の価値を控えめに言ったり、悪く言ったりする。

根底にある論理はこうだ。

アメリカ人の論理は、「この品物は良いものです。良いものでなければあなたに差しあげません。なぜなら、良くない品物をあなたに差しあげるのは、あなたに対する侮辱になるからです」

一方、対照的に日本人の論理は、「あなたは立派な方です。どんな贈り物も立派なあなたの価値には及びません。ですからこれは品物の価値ではなく誠意の印としてお受け取りください。どんな素晴らしい品物でもあなたにふさわしい値打ちがあるといえば、それはあなたの価値に対する侮辱になります」というものである。

この二つの考え方を並べてみると、その帰するところは同じである。どちらも「非常におかしく」はないのである。アメリカ人は贈る品物のことを述べ、日本人は贈る気持ちのことを述べているだけなのだ。

礼儀 他人のことを気遣う深い感情が動作に表れたもの

第七章「誠」について

かつて、言葉には大きな重みがあった

誠の心に欠ける礼儀は茶番であり、見せかけに過ぎない。

伊達政宗は、「礼儀も度が過ぎると嘘っぽくなる」と説いている。また、「心だに誠の道にかないなば　祈らずとても神はまもらむ」と詠んだ歌人もいた。この歌は、自他の別などない誠の道を説くもので、ハムレットに登場するポロニウスの「己に誠実になれば他人にも誠実にならざるを得ない」という、誠について自他を意識したセリフを超えているのではないか。

孔子は『中庸』の中で、誠実には超自然の力があるとし、その力を神とほとんど同一視している。彼は、「万物は誠で始まり誠で終わる。誠がなければ何も存在し得ない」と言い、さらに「誠は果てしなく広がり永続する。動かずして変化を起こす力を持ち、そこに存在しているだけで易々《やすやす》と目的を達する」と力をこめて説いた。

「誠」という漢字は、「言」すなわち言葉と、「成」すなわち立派に成し遂げることを意味する漢字を組み合わせてある。

*

嘘と逃げ口上はともに卑怯とされた。武士たちは自分たちの持つ高い地位には、商人や農民よりも高いレベルの誠実さが要求されると考えていた。

「武士の一言」というだけで、（ドイツ語のリッターヴォルト〈Ritterwort＝騎士の言葉〉はまさにこれに当たる）武士の言ったことの真実性の保証として十分だった。

武士の言葉には大きな重みがあった。だから、武士のする約束は証文なしで行われ、かつ守られた。証文を書くことは面目を損なうことだと考えられたのである。死をもって「二言」すなわち嘘の償いをしたという身震いするような話はたくさん伝わっている。

正直さを重んじる武士の中の武士

武士の中の武士は、正直さを非常に重んじるあまり、誓うということ自体が彼らの名誉を傷付けるものと考えるほどだった。この点は大方のキリスト教徒が、彼らの主による「誓うなかれ」という明白な戒《いまし》めを絶えず破っているのとは少し違う。

むろん武士たちも、神々や自分の刀にかけて誓っていたことは、よく承知している。だが、彼らの誓いが放縦な形式に陥ったり、大げさな祈りになったりすることは決してなかった。

約束を強調するために血判、つまり文字どおり血をもって判を押すこともあった。この行為の意味を説明するには、血判の契約をする場面が出てくるゲーテの『ファウスト』を参照されたい、と言うに止める。

ところで、アメリカの著述家ピーリー博士が次のような説を発表している。「もし普通の日本人に、嘘をつくのと不作法なのと、どっちの方がましだと思うかと尋ねると、躊躇《ちゅうちょ》なく嘘をつくことだと答える」というものである。

博士のこの説はある意味正しく、ある意味間違っている。普通の日本人が、いや武士であっても、博士の言うように答えるであろうという点では正しい。

間違っているのは博士が日本語の「嘘」という言葉を英語にする時、人をだますために真実をゆがめることを意味する「falsehood」という言葉を当て、その言葉に重きを置き過ぎている点である。日本語では、真実でないこと、事実でないことなら何でも嘘というのである。

アメリカの詩人ローウェルは「詩人のワーズワースは、誠実であるためには事実との関係を気にしなかった」と言っているが、普通の日本人は、その点ではワーズワースと同じである。

教養のある日本人あるいはアメリカ人でも同じであるが、「あなたは私が嫌いですか」と尋ねられたり、「吐き気がするのですか」と尋ねられた時、たとえそのとおりであっても、ただちに「あなたが大好きです」とか「いや大丈夫です。ありがとう」と「嘘」の返事をすることだろう。

これに反し、単に儀礼上の理由で事実を言わない場合、それは「虚礼」であり、「甘言で人を欺く」ものとされた。

誠
武士に二言無し
言ったことを成すのみ!
証文

武士の時代の商道徳

世の中の主たる職業のうち、商業ほど武士に縁遠いものはなかった。商人は封建制度下の身分の分類で、士農工商に見るとおり最下位に置かれていた。武士は土地の生産物から所得を得、その気になれば、素人農業もできた。しかし帳場とそろばんは嫌悪されていた。

*

商業であれ他の職業であれ、道徳の規律なしでは成り立たないのは言うまでもない。封建時代のわが国の商人も、彼らの間での道徳律はあった。それがなければ、たとえ未成熟とはいえ、同業組合、銀行、株取引所、保険、手形、為替などの基本的な商業制度が成立するはずもなかった。

しかし、商人以外の人との関係においては、商人の生き様は最下位という彼らの身分にふさわしいものでしかなかった。

こういう事情があったから、わが国が外国との貿易のために開かれた時、開港場に駆けつけたのは、きわめて冒険的かつ無節操な人々であった。まともな商店は、当局から繰り返し開港場に支店を設置するよう要請されても、しばらくの間は断り続ける有様であった。

気高い姿が正直さをもたらす

わが国の歴史に詳しい人は知っているであろうが、条約により一部の港が貿易のため開港してから、わずか数年で封建制度が瓦解《がかい》した。武士の領地は取り上げとなり、その代償として国債が与えられた。そして、彼らがこれを商業に投資するのは自由であった。

「それなら、なぜ武士はその誇りとする誠実を、新しい取引関係に持ち込み、旧弊を改められなかったのか?」それが次にくる質問であろう。

残念ながら、多くの高潔で正直な武士は、不慣れな商業や工業の分野で抜け目なさに欠け、手練に長けた平民との競争において取り返しがつかない大失敗をしたのであった。こうした彼らの運命は、見る人の涙を誘ったものである。

アメリカのような産業の発達した国でさえ、実業家の八〇パーセントは失敗するという。とすれば、商業の道に入った武士一〇〇人のうち成功したものが一人に足るか足らずであったとしても、それほど驚くことでもなさそうである。

武士道の倫理を商取引に持ち込んだ結果、どれだけの資産が破滅に至ったかを知るには、まだ相当の時間がかかることであろう。だが、よくものが見える者にとっては、富を求める道は名誉を求める道でないことはすぐ明らかになった。

では、この二つの道の違いはどこにあるのか。

アイルランド出身の歴史家レッキーは、人間に正直をもたらす要因として次の三つを挙げている。すなわち、一、経済的要因　二、政治的要因　三、哲学的要因　である。

武士道には第一の経済的要因は全く欠けていた。第二の政治的要因についても、封建制度の下の政治社会では見るべき発展はなかった。正直がわが国民の徳目の中で高い地位を得たのは、第三の哲学的な面、しかもそれはレッキーが言うように、最も気高い姿においてであった。

七味唐辛子売り
唐人飴売り
桃売り
元武士としてこのような
仕事はでき申さぬ!
鯉売り
あやめ団子売り
かりん糖売り
呉服屋
ところてん売り

◆人間に正直をもたらす要因

経済的要因

武士道には欠けていた。世の中の主たる職業のうち、商業ほど武士に縁遠いものはなかった。

政治的要因

封建制度下の身分の分類では見るべき発展はなかった。

哲学的要因

わが国民の徳目の中で、最も高い地位を得た。

報酬の観念をしりぞける武士道

アングロ・サクソン（イギリス系の人々）の商道徳の高さには真摯《しんし》な敬意を表するところだが、私が、その拠ってきたるところは究極において何かと尋ねると、「正直は最善のポリシーだ」という答えが返ってくる。つまり、正直のほうがペイすると言うのだ。

では正直という徳目それ自体は報酬ではないということなのか？　正直であることのほうが、嘘をつくより金が儲かる、という理由だけでこの徳目を守るというのなら、残念ながら武士道においては、嘘に溺れたほうがマシと考えることだろう。

武士道は、「為したものに対する代償」という報酬の観念を排斥《はいせき》する。しかし利口な商人はその観念を簡単に受け入れるのである。レッキーが、正直が発達したのは商業と工業に負うところが大きいと言っているが、当を得た言葉だ。またニーチェの言うごとく、正直はさまざまな美徳の中で一番若い美徳であろう。

言い換えれば、それは近代産業が育てた里子である。里親たる近代産業がなければ、正直は高貴な孤児として、最も教養ある知性だけしか引き取り育てることはできない。そのような知性は、武士の間には一般的に見られた。しかし、より民主的でかつ功利主義的な、近代産業という里親が存在しなかったため、未熟な子どもが力強く成長しなかったのである。

正直であることと、名誉あることが確実な保証

産業が発展するにつれ、正直は実行が容易な、というよりも儲かる美徳であることがわかってくる。考えてみても、ビスマルク宰相がドイツ帝国の領事たちに、「ドイツからの出荷製品の品質および数量についてとりわけ信用がないことは嘆かわしい」との回状を出したのは、つい一八八〇年十一月のことであった。それから二〇年弱を経た今日、商取引においてドイツ人の不注意、不正直を耳にすることは比較的少ない。過去二〇年のうちにドイツの商人は、結局正直はペイするということを学んだのである。

ところで、日本の場合について興味あることを付言すると、債務者が商人であった場合でも、正直と名誉は、融資契約証書上表明する最も確実な保証であったことである。「返済が滞《とどこお》った時は、衆人満座の中で笑っていただいても構いません」とか「返済ができなくなった時は、馬鹿と嘲ってください」という主旨の文言を証書に入れることが普通に行われていたのである。

武士道における正直には、勇気の場合より高い動機があるのだろうか。私はこのことをしばしば考えた。キリスト教のような「偽りの証言をするなかれ」という積極的な戒律を持たぬ社会の中では、嘘をつくことは罪ではなかった。それは、単に気持ちの弱さとして咎められたのであり、しかるがゆえになおさら不名誉なこととされたのである。

実際のところ、正直の観念は名誉の観念と密接に混じり合っており、正直という言葉はラテン語とドイツ語では名誉と語源を同じくするのである。ここで、次に名誉の問題を考える順がきた。

正直は最善のポリシー

ドイツ商人
商工業において正直な取り引きが最も大事であることがわかった。
正直
武士
初めからそう申しておる!

古来正直な者が信頼を受ける構造は同じ

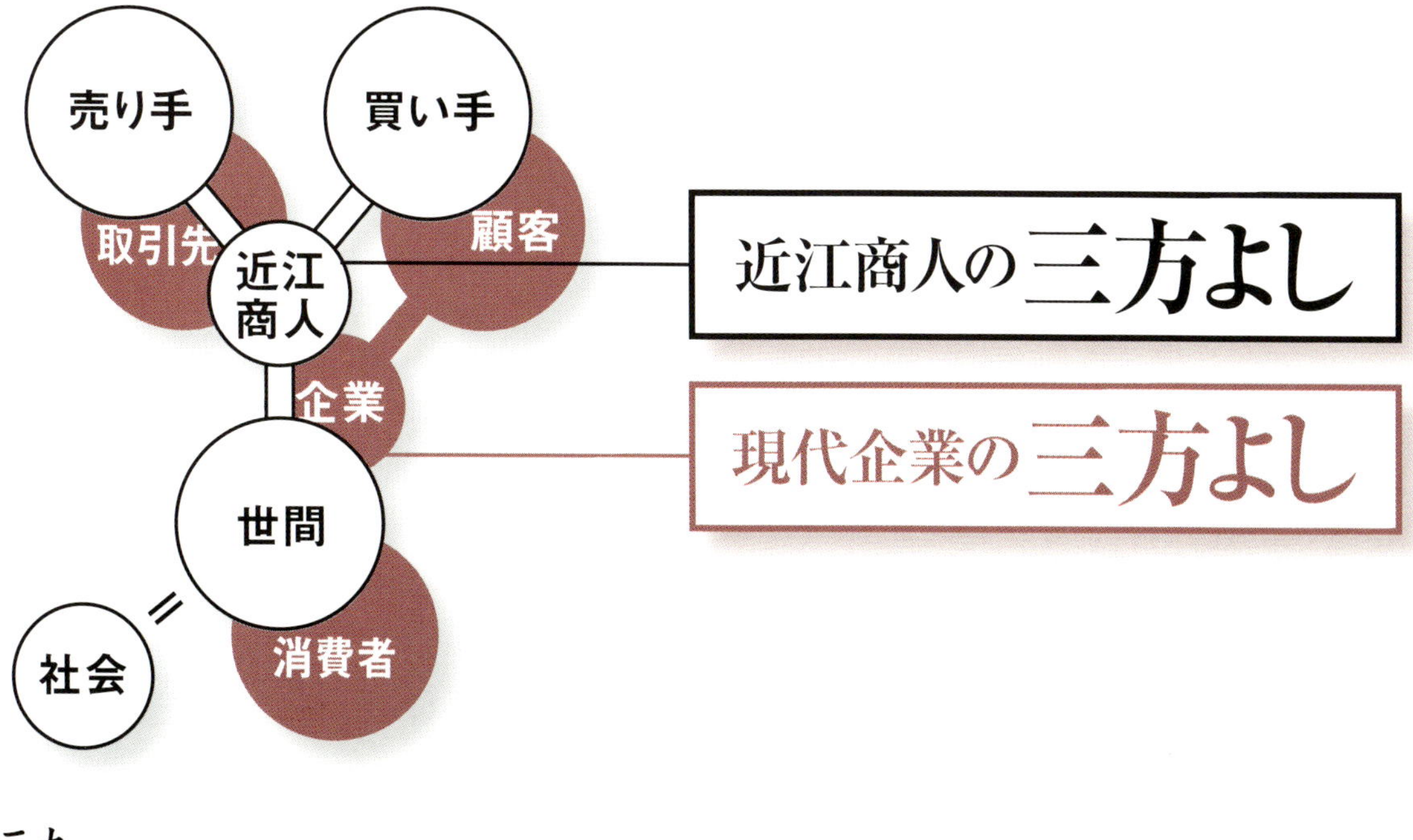
売り手
買い手
取引先
顧客
近江商人
企業
世間
社会
消費者
=
近江商人の三方よし
現代企業の三方よし

第八章 「名誉」について

個人の尊厳と自身の価値を大事に思う心

名誉とは、個人の尊厳と価値を強烈に意識することである。

だから、名誉は、生まれた時から武士としての義務と恩恵を重んずるように育てられる、武士階級を間違いなく特色づけるものであった。

今日の「名誉」という言葉は、かつては、それほどよく使われていたわけではなく、その概念は「名」、「面目」、「外聞」などの言葉で表されていた。この三つの言葉はそれぞれ、聖書で用いられるname（名）、ギリシャの仮面から生まれたpersonality（人格）、そしてfame（名声）を連想させる。

名声や人の信望とは「人の本質の不滅の部分であり、それを取ると獣性しか残らない」ものなのだと当然のごとく考えられた。そして、その名声の品位を汚すことは、当然何であれ恥とみなされたのである。恥の心、すなわち廉恥心《れんちしん》は少年に対する教育で一番初めに強調されるものであった。

「人に笑われるぞ」、「体面を汚すぞ」、「恥ずかしくないのか?」これらの言葉は、過ちを犯した少年の行動を正すための、とっておきの諭し言葉であった。このように少年の名誉心に訴えると、その少年が母親の胎内にいる時から、まるで名誉で養われていたかのごとく、その子の心の最も敏感な部分に響くのであった。名誉は「わが家の恥」というように強い家族意識と密接に関係していたから、まさに出生以前から受けた感化と言えるのである。

恥の感覚の中にこそ徳の土台がある

フランスの小説家バルザックは「家族の間の連帯が失われてしまったので、モンテスキューが『名誉』と名付けた基本となる力を、社会は失ってしまった」と言っている。

実際、恥の感覚こそ、人類の道徳意識の中でも一番初めに表れたものではなかろうか。

「禁断の木の実」を味わった結果、人類に下った最初で最悪の罰は、子どもを生む苦しみでも、イバラとアザミの棘《とげ》による痛みでもなく、恥の気持ちに目覚めてしまったことではなかったか。

新井白石が少年時代、彼の人格に対するちょっとした侮辱に対しても、「不名誉は木についた切り傷のように、時はこれを消さず、かえって傷を大きくする」として妥協しなかったのは正しいことであった。

近年、イギリスの歴史家カーライルが「恥は全ての徳、立派な振る舞い、立派な道徳の土壌である」と述べたが、これは孟子が二〇〇〇年以上も前に、ほとんど同じような言葉で説いたところでもある。

日本の文学では、シェイクスピアが『ジョン王』の中でノーフォーク伯爵に語らせたほどの雄弁さで語られてはいないが、不名誉に対する恐怖は、あらゆる武士の頭上に細い糸で吊《つる》されたダモクレスの剣のようにぶら下がり、しばしば病的な性質さえ帯びた。

　武士道の掟からしても是認しがたい行為が、名誉の名の下に犯されることもあった。きわめて些細な、いや想像としかいえないような侮辱でも、短気で尊大な人間が腹を立て、刀に訴えて無用な争いを起こし、多くの罪のない命が失われたのである。

　しかし、アブノーマルな例を取り上げて武士道の教えを非難するのは、全く不公平なことである。名誉に対する武士の極端な敏感さの中に、純粋な徳の土台の存在が認められるのではないだろうか。

人に笑われぬ男となれ！
体面を汚してはならぬ！
恥を知れ！
品位
名誉

◆名誉に対する武士の極端な敏感さの例

威圧
恥
名誉

　こんな話もある。ある町人が、善意から一人の武士に「背中にノミが跳ねている」と注意したところ、たちどころに真っ二つに切られてしまった。「ノミは動物にたかる虫であり、高貴な武士をけだものと同一視するのは許すべからざる侮辱である」という何とも単純で同意しがたい理由によるのである。

　このような話はあまりに馬鹿馬鹿しくて信じかねる。

　しかし、このような話が広まったということは次の三つの点を示唆していると思う。
　一、民を威圧するために、このような話をでっち上げた。
　二、武士は、名誉のためには実際こんなこともした。
　三、武士の間ではきわめて強い恥を知るという感情が広がっていた。

（第八章より）

寛容と忍耐のすすめ

細かく決められた名誉の掟が陥りがちな病的な行き過ぎは、寛容と忍耐を説くことによってしっかりと均衡が保たれた。

ちょっとした挑発に立腹することは「短気」として嘲笑された。「ならぬ堪忍するが堪忍」という格言はよく知られているところである。

徳川家康は子孫にいくつかの家訓を残しているが、その中に次のようなものがある。「人の一生は重荷を背負って遠い道を行くようなものだ。急いではいけない。……常に己の欠点を責めて他人を責めるな。辛抱こそが長く繁栄することの基礎である」。彼はその生涯においてこの教えの正しさを実証して見せた。

これに関連して、機知に富んだ川柳が歴史上著名な三人を取り上げ、それぞれの口から彼らの特徴を伝える警句を語らせているのは興味深い。

織田信長は「鳴かぬなら　殺してしまへ　ほととぎす」、豊臣秀吉は「鳴かずとも　鳴かして見せう　ほととぎす」、これに対して徳川家康には、「鳴かぬなら　鳴くまで待とふ　ほととぎす」と言わせている。

孟子もまた我慢と忍耐を強く求めた人である。ある書に次の主旨のことを書いている。「貴方が裸になって私を侮辱してもそれが何になろう。貴方の怒りで私の魂を汚すことはできない」。さらに他の書で、「些細なことで怒るのは君子にふさわしくない。しかし、大義のためにする義憤は、君子にふさわしい怒りである」と説いてもいる。

崇高《すうこう》な境地に達した人々

武士道を信奉する者が、むやみに争わず、抗《あらが》わない柔和さの高みにどこまで達したかは、次の人々の言葉でもわかる。

たとえば、江戸中期の儒学者小河立所は、こう言っている。「人が自分のことをどんなに悪く言おうと、悪口を返すのではなく、自分の忠勤が足りなかったのではないかと反省することだ」

同じく江戸中期の陽明学者熊沢蕃山《ばんざん》は、「人に咎《とが》められても、相手を咎めてはならない。人から怒られても相手を怒ってはいけない。怒りと欲を捨ててこそ常に心は楽しくなる」と言う。

さらに一例を挙げる。西郷隆盛である。その垂れ下がった眉毛には、「恥もそこに座ることを恥じ」たという人だ。西郷は遺訓とされた中で次のように言う。「道というものは、天地自然の創ったものである。人は、その天が創った道を行うのであるから、天を敬うことを、人生の目的とすべきである。天は、貴方も貴方以外の人も平等に愛してくれるのだから、自分を愛する心をもって人を愛すべきである。貴方の組む相手は人ではなく、天だ。天と組んで力を尽くし、人を責めず、自分の誠の足らないところはないか、いつも反省しなければならない」。

これらの言葉の中には、キリスト教の教訓を思い起こさせるものもある。そして実践的な道徳心から自然に起こった宗教が、天が啓示した宗教にどこまで近づけるものであるかを示している。

これらの言葉は単に言葉として語られたものではなく、実際の行動によって具現化されたものであった。ただ、寛容、忍耐、寛大という崇高な境地に達した人はごくわずかであったのは事実である。

独自の境地

鳴かぬなら
鳴くまで待とふ
ほととぎす

徳川家康

鳴かずとも
鳴かして見せう
ほととぎす

豊臣秀吉

鳴かぬなら
殺してしまへ
ほととぎす

織田信長

崇高な境地

敬天愛人

（天を敬い人を愛す）

西郷隆盛

咎めず、
怒らず、
欲を捨て

熊沢蕃山

自分の忠勤
が足りない
と反省

小河立所

■西郷隆盛（1827〜1877）
明治初期の政治家。明治新政府の最高首脳となるも征韓論を唱えて下野し、西南戦争で敗れて自害。

■熊沢蕃山（1619〜1691）
江戸前期の儒学者。陽明学の中江藤樹に学ぶ。著述『大学或問』は参勤交代を批判、のち幽閉の身となり病死。

■小河立所（1649〜1688）
江戸中期の儒学者。『論語』『孟子』が持つ本来の意義の把握を提唱した伊藤仁斎に学ぶ。

真の名誉とは

何をもって武士の名誉というのか。それを明白に、かつ一般的に説明したものがなかったことは大変残念なことである。わずかに少数の知と徳に秀でた人々だけが、名誉というものは「特定の状況から発生するものではなく」、それぞれが自己の役割に努めるところに存在するのだ、と気付いていただけであった。なぜなら、若い人々は、行動に夢中になると、平生、孟子から学んだことを、いとも簡単に忘れてしまうからである。

孟子はそのところを次のよう説いている。

「誰でも名誉を欲する心を持っている。しかし、真に名誉なものは、ほかでもなく自分の心の中にある、ということをわかっている人は少ない。人から授かる名誉などは正しい名誉とは言えない。趙孟《ちょうもう》侯は自分が貴族に列した者を、また平民に落としたことを見てもそれはわかることだ」。

若者が追い求めた目標

大方の場合、侮辱に対してはたちまち怒りを発し、死をもって報復したことは後に述べるとおりである。これに反して名誉は、単に虚栄もしくは世俗的な賞賛に過ぎないことも往々あったが、この世に生きる時の最高の善として尊ばれた。

若者が追い求める目標は、富でもなく、知識でもなく、名誉であった。多くの少年が志を持って生まれ育った家を出る時には、世に出て名前を成すまでは再びこの敷居はまたぐまいと心に誓ったのであった。息子の立身に期待する母親の多くも、わが子が錦を飾るまでは会うことを拒んだ。恥をかかぬようにするため、あるいは名を成すために、武士の子はいかなる不自由にも耐え、身体的、精神的な厳しい苦痛にも耐えた。

彼らは若い時に得た名誉が年齢とともに大きくなっていくことを知っていた。

たとえば、家康の一〇男、頼宣《よりのぶ》は、大坂冬の陣に際して、先鋒軍に加えて欲しいと熱心に懇願したが願いはかなわず、後陣に配置された。大坂城が落城した時、頼宣はくやしがって激しく泣く。老臣（松平正綱）がなんとかして慰めようとして、「長い将来を考えてお嘆きなさるな。これから先長い間には、功名をお立てになる機会はいくらもありましょう」と言った時、頼宣は、その老臣を怒りの目で見据え、「なんと愚かなことを。わが十三の歳が再び来ると言うのか」と言ったという。

もし、名誉と名声が得られるのであれば、生命は軽いものと考えられていた。だから、生命より重い大義が生じればいつでも、きわめて冷静かつ迅速に生命が棄てられたのである。

長い将来で功名を立てる機会はいくらでも……
わが十三の歳が再び来ると言うのか!

名誉

名誉は
人から授かる
ものではなく
自分の心の中から
生ずる

若者の目標は
富や知識ではなく
名誉である

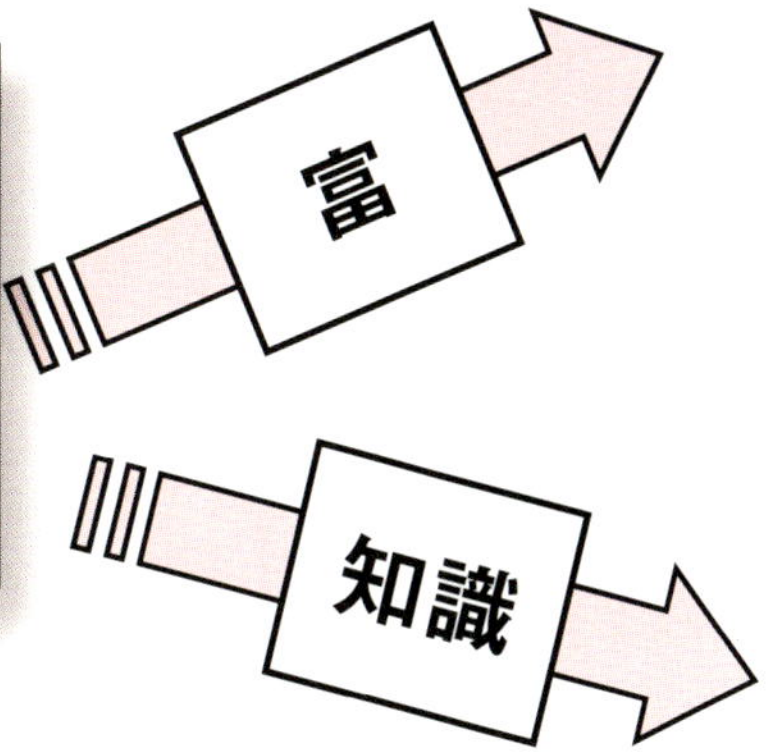

名誉を得るには
苦痛と試練に
耐えなければ
ならない

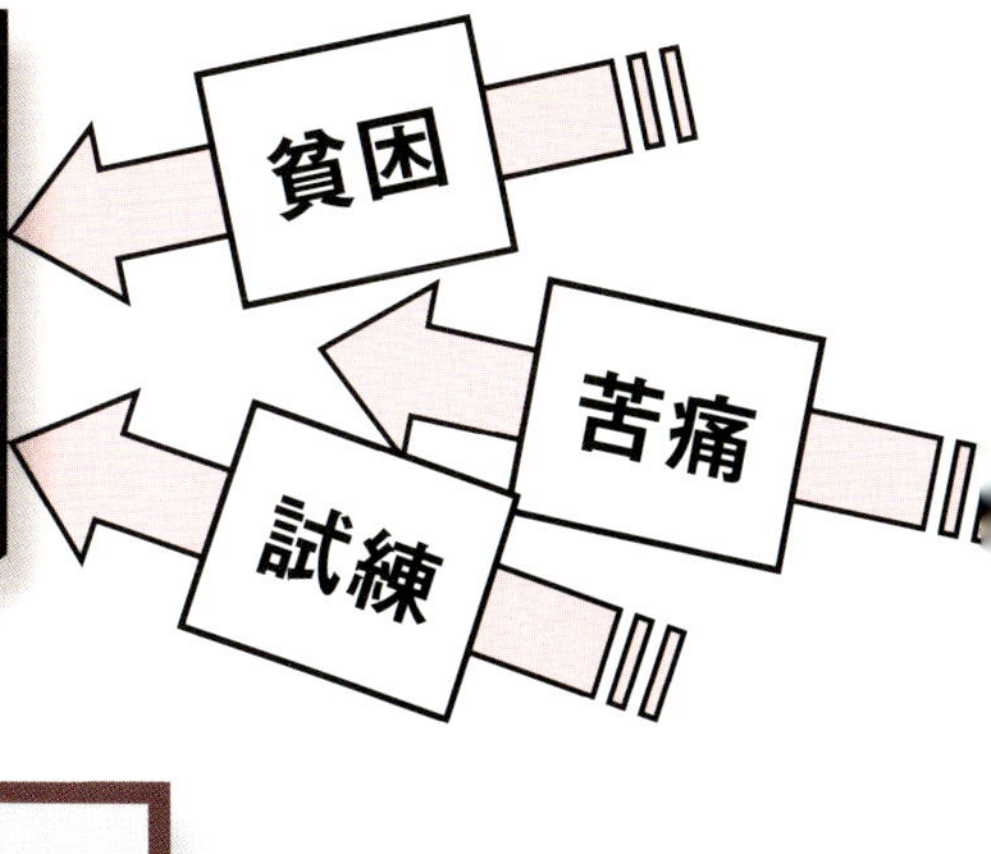

最高の善

第九章

「忠義」を理解する

最も重要視された美徳

封建制度下の武士の道徳の中には、他の道徳体系や武士階級以外の人々が持つ道徳と共通のものもあるが、この君主あるいは目上の者に対する服従と忠誠は、はっきりと武士道的な特色を示すものである。

個人に向けられる忠誠は、あらゆる種類、境遇の人々を道徳的に結びつけるものである。たとえば、スリも親分に忠誠を誓う。しかし、忠誠が美徳として最も重要視されたのは、武士の名誉の掟においてのみであった。

日本独自に発達した忠義

ドイツの哲学者ヘーゲルは、封建時代の臣下の忠誠について、それは個人に対する義務であり国家に対するものではない。したがって、全く不当な理念の上に立てられた規律であると批判した。しかし一方、彼の偉大な同胞ビスマルク宰相は、個人的忠誠はドイツの美徳であるとしてそれを誇っている。

ビスマルクがこれを誇りとするには十分な理由があった。それは、このドイツ語でいう忠誠（Treue）が、彼の祖国またはどこか一国、一民族にだけ見られるから誇りとしたのではなく、騎士道が生んだ好もしい果実である忠誠が、封建制度が最も長く続いたドイツの国民の間に、いまだに残っているからである。

アメリカのように、誰もが、「他の人と同等であり」、それにアイルランド人が付け加えるように「かつ他の人より優る」と思っている国では、日本人が主君に感じるような高い忠誠の観念は、「一定の限度内では素晴らしい」とは思うけれども、そうかと言って、日本人の間で奨励されているほどのものは常識外れだ、と考えられるのかもしれない。

ずいぶん以前になるが、モンテスキューが、ピレネー山脈のこちら側では正しいことも、あちら側では誤りとなると嘆いた。確かに、最近起きたユダヤ人将校ドレフュスに対する人種的偏見に満ちた裁判は、彼の言ったことが正しかったことの証明になった。かつフランスの正義が通用しない境界はピレネー山脈だけではないことも示した。

同様にわが国民が考えるような忠義は、他の国で賛美する人はほとんどいないだろう。

しかし、それはわれわれの観念が間違ったものだ、ということではなく、思うに他の国では、それが忘れ去られたからであり、またわれわれが他の国で見られない高さまで忠義の観念を発達させたからではなかろうか。

かつて日本で教えたアメリカ人宣教師のグリフィスが、中国では儒教の教えにより、親に従順であることをもって人間第一の義務であるとされるのに対し、日本では忠義が優先される、と述べているのは全くそのとおりである。

忠義の認識の差

個人に向けられる忠誠は、あらゆる種類、境遇の人々を道徳的に結びつけるもの。

ドイツ

●ヘーゲル
「忠誠は不当な規律」

個人
↑ 忠誠
臣下

●ビスマルク
「個人的忠誠はドイツの美徳」

祖国・個人
↑ 忠誠
臣下

中国

中国では儒教の教えにより、親に従順であることをもって人間第一の義務とされた。

●朱熹《しゅき》（一一三〇～一二〇〇）
↓朱子学成立

「親への従順が第一」

親
↑ 忠義
人

12世紀、日本に伝来

日本

忠誠が美徳として最も重要視されたのは、武士の名誉の掟においてのみ。日本人が主君に感じるような高い忠誠の観念は、われわれが他の国で見られない高さまで忠義の観念を発達させた。

朱子学
江戸後期、幕府の正学となる（一七九〇年「寛政異学の禁」より開始）

君主・目上の者
↑ 忠義
武士

●江戸期の朱子学者
藤原惺窩《せいか》／林羅山／木下順庵……

「君主に対する絶対の服従と忠誠」

体の耳で聞くのか、心の耳で聞くのか

「艱難《かんなん》に耐え、零落《れいらく》した主君に仕え」、これによってシェイクスピアの言うごとく「歴史に名を残した」人物を紹介しよう。

これは、日本史上の偉人の一人である菅《すが》原道真《わらのみちざね》にまつわる物語（人形浄瑠璃『菅原伝授手習鑑』）である。道真は政敵の嫉妬と讒言《ざんげん》の犠牲となって都を追われる。仮借のない敵はこれだけでは収まらず、道真の一族を根絶やしにすることを目論んだ。

そして、まだ幼い道真の子どもを厳しく探索し、その結果、その子が、かつて道真に仕えていた武部源蔵の寺子屋に密かに匿《かくま》われていることを知る。

幼い罪人の首を定められた日に届けよ、との命令が源蔵に届く。その時に源蔵が考えついたのは、身代わりを探すことであった。彼は寺子屋の生徒の名簿にじっくり目を通し、教室に入ってくる子どもを全部注意深く吟味する。だが、地元生まれの子どもたちには、誰一人として源蔵が守ろうとしている幼君に似ている者はいなかった。

しかし、彼の絶望もつかの間であった。おお、見よ。上品な振る舞いの母親に連れられた新しい入門者がやって来たのだ。主君の幼い息子と同じ年頃の器量のよい子どもである。その母親も子ども自身も、幼君とよく似ていることに気付いていた。外からはわからないだけで、二人はわが家で密かに祭壇にわが身を捧げてきていた。幼君のために子は命を、母は心を。だが、その決意を露ほども面に表さない。源蔵は二人の間で交わされたことを気付かぬまま話を切り出す。ここに生贄《いけにえ》が決まった。残りの話は手短に述べよう。

定められた日に幼君の首を検分し、受け取ることを命ぜられた役人、すなわち松王丸が到着する。ニセ首にだまされてくれるか？　切羽詰まった源蔵は刀の柄に手をかけ、もしこの企みが見破られたら、その松王丸か、あるいは自分自身に一閃を加えるまでと決意していた。松王丸は自分の前に置かれたおぞましい首を取り上げ、冷静に一つ一つの特徴を検分し、落ち着いた、かつ事務的な調子で首が本物だと告げた。

その夜、あの寺子屋で見た子どもの母親は家で一人待ち受けていた。この母はわが子の運命を知っているのか？　母親が表戸の開くのをじっと待っているのは、息子の帰宅を待っているのではない。母親の舅《しゅうと》は長年にわたり道真の恩顧を蒙《こうむ》っていた。だが、道真が流された後、その息子である夫、松王丸はわけあって一家の恩人である道真の敵、藤原時平に仕えなければならなくなっていた。彼自身は残忍な自分の主君に不忠であるわけにはいかない。だから息子に、祖父の主君に対する義に殉じさせたのだ。松王丸は追放された一家を知っているという理由で、幼君の首の検分の役を命ぜられたのだった。今日一日の、というより人生の最も過酷な役目を、松王丸は果たし終えたのだ。そして、家に一歩入るや妻に叫ぶ。「女房喜べ。かわいい息子は殿への務めを果たしたぞ」。

「なんと残酷な！」と読者が叫ぶのが聞こえる。「両親が相談づくで、他人の命を救うために罪もないわが子を犠牲にとは！」

だが、子どもは事情を知り、甘んじて自ら犠牲になったのである。これは、身代わりで死ぬ話であり、アブラハムがわが子イサクを神の犠牲にしようとした話『旧約聖書』と同じように深刻な話ではある。だが同時にそれ以上に嫌悪すべき話でもない。

いずれの場合も、義務の命ずるところに対する従順、高い世界から発せられる命令に対する絶対的な服従の話である。それが目に見える人からか、見えない天使からのものか、また、体の耳で聞いたか、心の耳で聞いたかの違いである。

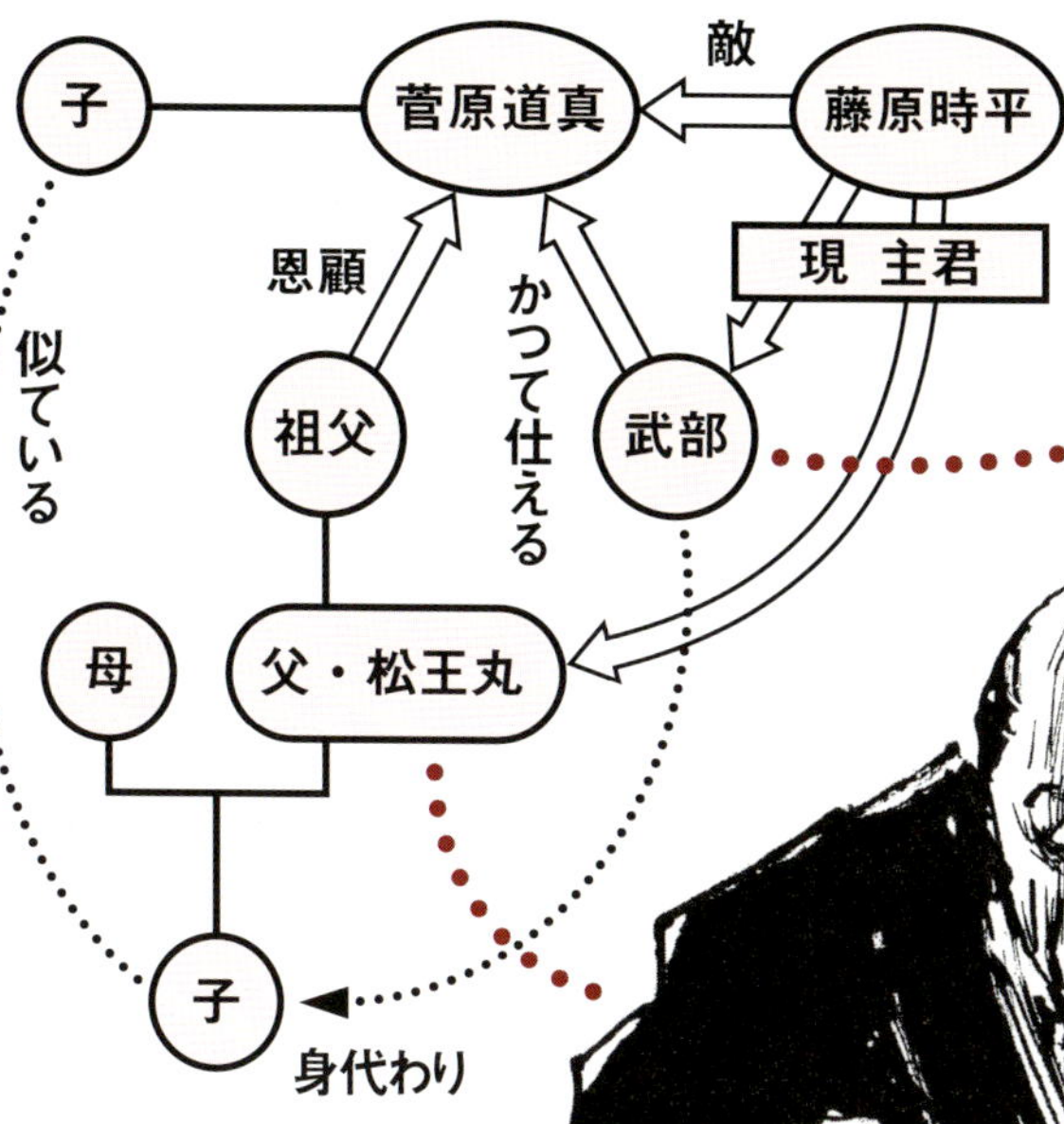
子
菅原道真
敵
藤原時平
現 主君
恩顧
かつて仕える
似ている
祖父
武部
母
父・松王丸
子
身代わり

祖父の義に殉ず

自ら犠牲に

神
犠牲
イサク
アブラハムとイサク
服従

いずれの場合も、義務の命ずるところに対する従順、高い世界から発せられる命令に対する絶対的な服従の話である。

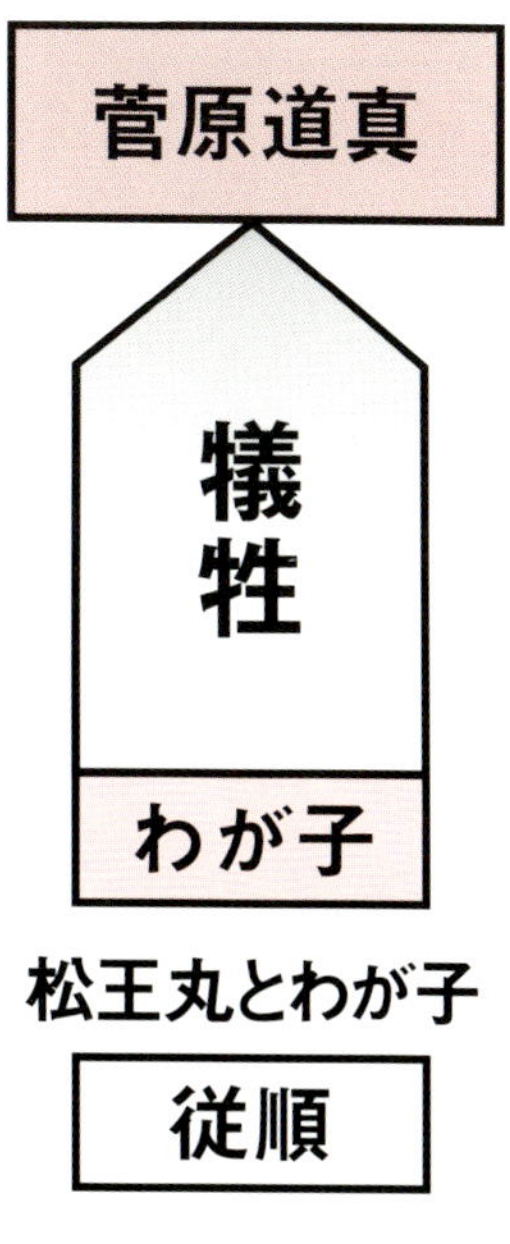
菅原道真
犠牲
わが子
松王丸とわが子
従順

武士道が考える「一体不可分」

西洋の個人主義は、父と子、夫と妻、それぞれに対して別個の利害関係を認める。この場合は人が他人に負う義務は大いに軽減される。しかし、武士道においては、一族の利害とその成員の利害は一体不可分と考えられた。武士道はこの利害を愛情と結び付けた。愛情、すなわち、自然で本能的なもの、抗《あらが》いがたいものと結び付けたのである。こうした場合、動物でも持っている自然な愛によって、愛する人のためにわれわれが死ぬことに何ほどのことがあろうか。「あなた方が自分を愛する者を愛したからとて、何の報いがあろうか。そのようなことは、取税人でもするではないか」と聖書にもある。

頼山陽《らいさんよう》は彼の大著『日本外史』において、父、平清盛の反逆行為に対するその子、重盛の苦衷《くちゅう》を心打つ言葉で表している。「忠ならんと欲すれば孝ならず。孝ならんと欲すれば忠ならず」と。あわれ重盛よ！ その後、重盛は心を込めて天に死を願い、清らかな心と正義が住みづらいこの世から解放されることを祈るのである。

子
父
幽閉《ゆうへい》の阻止
後白河法皇の幽閉に動く
平清盛
平重盛

頼山陽は平重盛の苦衷をこう評した

忠ならんと欲すれば**孝**ならず
孝ならんと欲すれば**忠**ならず

両親を敬い、子どもとして尽くすことなり。
「孝」とは?
孔子
曾子

孝と忠がぶつかる時、武士道では、ためらわず忠を取る

孝と忠がぶつかる時

重盛のように、義務と人情との間で心を引き裂かれた人は多い。

実のところ、シェイクスピアにも『旧約聖書』にも、我々日本人の言う「孝」という観念に相当する言葉は見当たらない。だが、孝と忠がぶつかる時、武士道はためらわず忠を取る。女性も、主君のために全てを犠牲にすることを自分の子供に勧めた。

英国チャールズ一世の臣下で著名なウィンダム未亡人は、夫と子ども三人を清教徒との戦いで失ったが、著名な夫と同じく、決然としたものであったという。わが国の武士の妻も彼女に劣らず、忠義という大義のためにわが子を犠牲にするに躊躇しなかった。

ギリシャの哲学者アリストテレスや現代の何人かの社会学者と同様、武士道においては、国家が個人より先に存在すると考える。個人は国家を構成する部分として生まれてくると考えるのである。したがって、個人は国家のため、あるいは国家の合法的権威の所有者のために生き、かつ死ぬべきものとする。

ギリシャの哲学者ソクラテスの姿を描いた『クリトン』を読むと、牢にいるソクラテスが脱獄し逃亡すべきかどうかという問題で、国法と彼とを議論させる場面が出てくる。ソクラテスは、国法ないし国家に次のように言わせる。「お前はわが下に生まれ、養われ、教育されたのに、お前もお前の祖先もわれわれの子、召使いでないとお前はあえて言おうとするのか」。

この言葉はわれわれには特別の感慨をもたらさない。武士道では同じことを長く口にしてきたからである。ただ、われわれにあっては、国法と国家を一つの人格が体現していた点が異なっている。忠義の観念は、この政治理論が道徳となった結果である。

＊

スペンサーの説く政治的服従すなわち忠義は、社会の進化過程における過度的現象に過ぎないとする見方を私が知らないわけではないし、そのことが正しいのかもしれない。

聖書には「明日のことは思い煩うな。一日の苦労はその日一日で十分である」とある。われわれはこの苦労を美徳に置き換えて、一日を繰り返すであろう。ただその一日はわれわれにとっては格別長い時間なのである。わが国歌が「さざれ石が巌《いわお》となりて、苔《こけ》のむすまで」と歌うように。

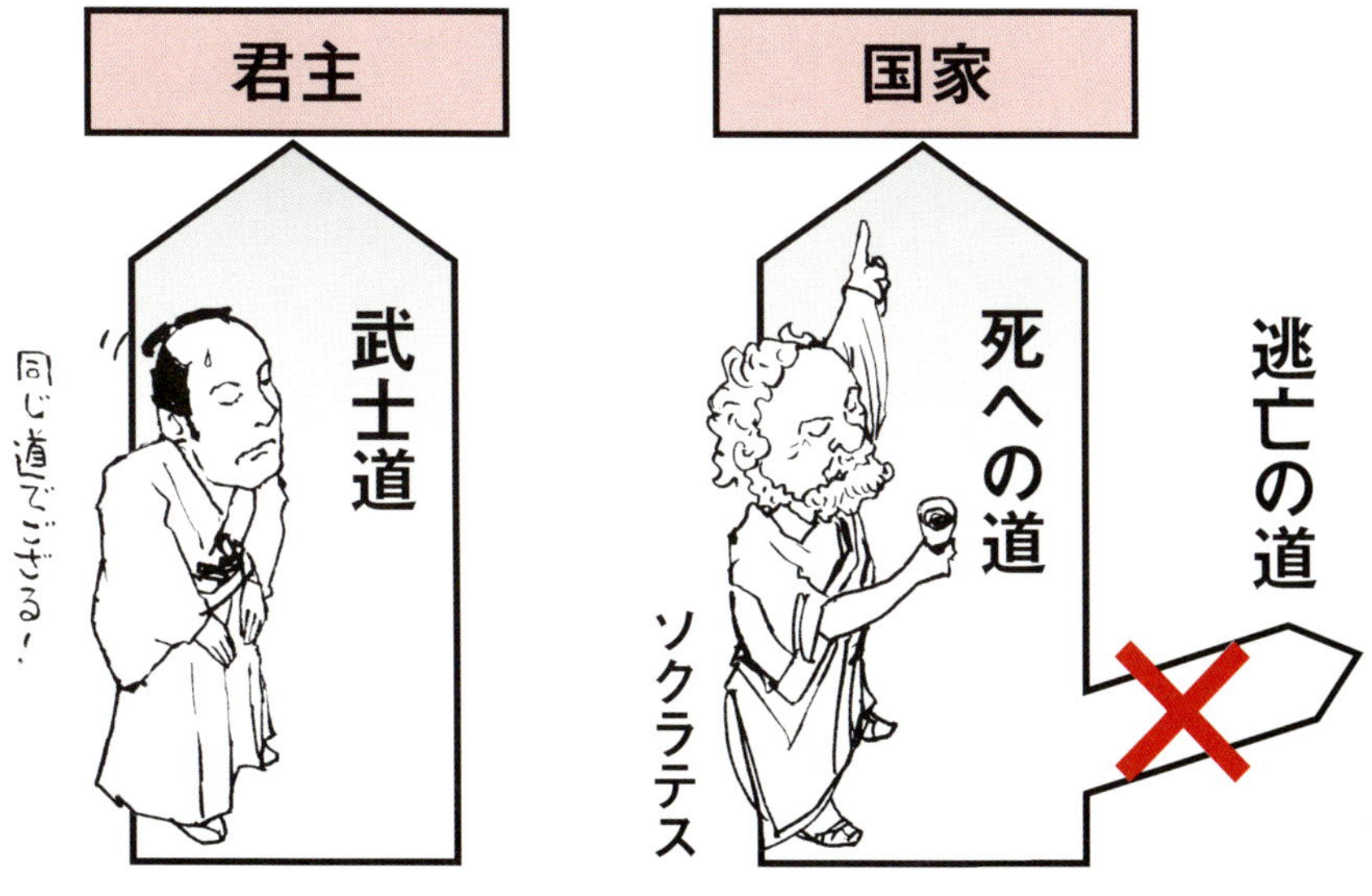

武士は、主君や王の奴隷ではない

数年前、スペンサーの学説を履き違えた人たちが始めた、きわめて馬鹿らしい論争が、わが国の知識人の間に騒ぎを起こしたことがあった。

皇室に対する唯一不可分の忠誠を熱心に擁護するあまり、キリスト教徒がその主に忠誠を誓うのは、反逆の向きがあると非難する者が出たのである。彼らは修辞学の機智を欠いたまま修辞学的詭弁《きべん》を並べ、スコラ学的な回りくどい議論を展開しながらも、スコラ学者の優雅さは欠いていた。

彼らは言ってみれば「一方の主を軽んずることなく二人の主に仕える」ことができるのを知らなかったのだ。また「シーザーの物はシーザーに、神の物は神に」ということを知らなかったとも言える。

ソクラテスは、心の中の君主、ギリシャ人が「ダイモン」と呼んだ守護神への服従を微塵《みじん》も揺るがすことなく、同じ忠誠心と平静さで、地上の王者すなわち国家の命令に服したではないか。生きては良心に従い、死しては国に仕えたのである。人の良心を指図するほど国家の力が強かった時代の話である。

武士道は、我々の良心を主君や王の奴隷とすることを求めはしなかった。シェイクスピアが、反逆罪で処刑されたイギリス貴族トーマス・モーブレーを『リチャード二世』に登場させて詠わせた次の詩は、我々の心情をよく映している。

> おそれも多き我が陛下
> 我が身を足下に捧げます
> 我が身は陛下の御命令のまま
> しかし我が汚名は違います
> 生命は陛下からの授かりもの
> しかし名誉は我がもの
> 死してなお我が墓上に生きるもの
> 名誉を汚すそのことは
> ご命令でもできません

1 若い頃の信長を諫め、切腹した平手政秀

信長の元服、初陣などの面倒をみた平手政秀は、若き信長に不真面目な言動を改めるよう諫言《かんげん》していたが、結局修まらず、守役の甲斐がないと切腹している。なお、これより前、政秀の息子の名馬を信長が所望したが、断ったため不和が生じたことも伝えられている。

主君の非を諫《いさ》めた臣下たちを紹介しよう。

主君と意見が異なる時

主君の気まぐれや酔狂、あるいは思い付きのために、自己の良心を犠牲にした者に対しては、武士道は低い評価を与えた。そのような者は「佞臣《ねいしん》」すなわち無節操な追従をもって主君の機嫌を取る者として、あるいは、「寵臣《ちょうしん》」すなわち奴隷のように唯々諾々《いいだくだく》と主君の意に従い、気に入られようとする者として軽蔑された。

これら二つのタイプはシェイクスピアの『オセロ』に出てくるイアゴーが語る者たちと正確に符合する。

一方は「忠義一途に這いつくばって、奴隷の境涯にありがたがって身を捧げ、ロバみたいにご主人様にこき使われる者」であり、もう一方は「忠義面はしているが、腹の中ではご自分様にお仕え申し上げている輩」である。

臣下が主君と意見が異なる時、同じくシェイクスピアの『リア王』に出てくるケント公がリア王にしたように、あらゆる手段を使って、主君の非のあるところを諫めるのが、臣下のとるべき忠義の道であった。

主君がこれを容れない時は、自分に対する処置は主君の欲するままに任せたのである。そのような場合、自らの血をもって自分の説く真を示し、主君の英知と良心に最後の訴えをするのが武士にとってごく普通のことであった。

番外・真の忠義なき臣下

忠義一途に這《は》いつくばって、奴隷の境涯にありがたがって身を捧げ、ロバみたいにご主人様にこき使われる…
忠義面はしているが、腹の中ではご自分様にお仕え申し上げている…

2 斎藤龍興を諫めた竹中半兵衛

斎藤龍興《たつおき》の稲葉山城を竹中半兵衛は、城内配下や妻の舅・安藤守就《もりなり》と呼応して占拠、龍興は逃亡。半兵衛の思いとしては、主君の無法を諫めるために、城を一時的に預かっただけといわれ、半年後には、龍興を呼び戻して城を返上している。

3 家康を反省させた本多重次

家康は帰陣の途中、河原で見た「人を煮る大釜」を気に入り、城に持参するよう命じたところ、これを知った徳川家古参の本多重次が、釜を粉々にし、廃棄させた。重次の意図は、天下取りを視野に入れている殿が「釜で人を煮殺すような罪を犯させる手配をするのはいかがなものか」というもので、家康に反省を促した。

第一〇章　教育および訓練

武士道の枠組みを支える三本柱

武士の教育においては、品性を作り上げることを最も重要な目的とし、思慮、知識、論理の深遠な能力は追求されなかった。

芸術的な教養が武士の教育上重要な役割を占めたことは、これまでにも述べた。だが、それは教養ある人には不可欠なたしなみではあるものの、武士の養育においては必須のものではなく付属的なものであった。

知的優秀さが尊ばれたのはもちろんであるが、この「知」という言葉は主として知恵を意味したのであって、知識は従たる地位しか与えられなかったのである。

武士道の枠組みを支える三本柱は、「知、仁、勇」であった。本質的に武士は行動の人であり、学問はその活動の範囲外なのである。学問は武士という職業に係わることだけが利用された。宗教や神学は僧侶に委ねられ、武士はそれらが勇気を養うのに役立つ限りにおいて係わるに過ぎなかった。

まさにイギリスの詩人の詠ったように、武士にとっては「信条で人が救われるわけではない。だが信条が正しいと証明するのは人である」ということであった。

武士の知的訓練の主眼は哲学と文学であった。この場合においても、求めるものは客観的な真理ではない。文学はたいていの場合が娯楽として求められ、哲学は軍事的ないし政治的問題の解説のためか、そうでなければ品性を作り上げる実用的な手段として学ばれていた。

このようなわけであるから、武士道教育における教育課目が、主として剣道、弓道、柔術、馬術、槍術、兵法、書道、倫理、文学、歴史で構成されていたことを見ても別に驚くには当たらない。

貧しさを誇りとしていた武士道

武士道は経済観念と相容れないものであり、かつ貧しさをむしろ誇りとしていた。それは、ローマの武将ヴェンティディウスが言ったように、「武士の美徳である功名心は、利益を得て汚名を受けるより損失を選ぶ」のである。

ドン・キホーテは金銀や領地より、錆《さ》びた槍、痩《や》せこけた馬を誇りにする。武士は大仰なこのラマンチャの男、ドン・キホーテに心から共感を覚えたことだろう。武士は金銭そのもの、あるいはそれを儲けたり貯めたりする術を賤《いや》しんだ。武士にとって、金銭は紛れもなく汚いものだったのである。

時代の退廃を表す表現として、「文臣銭を愛し、武臣は生命を惜しむ」という常套《じょうとう》句があった。金銭と生命を惜しむことはきわめて賤しいとされ、反面、気前良く使うことが賞賛されていた。

当時の格言に「金銀に細かくあってはならぬ。富は知の邪魔をする」というのがある。

このような状況からして、当時、子どもは全く経済観念なしで育てられた。経済のことを論じるのは悪趣味と見られ、各種貨幣の価値を知らないことが育ちの良い証拠

武士の教育課目

とされたのであった。

　数学的知識は、軍勢を集め、恩賞や知行を分配するのに必須のものであったが、金勘定は下級役人に委ねられた。多くの藩において、財政は下級武士や僧侶の手で処理されていたのである。

　もののわかる武士なら誰でも、金銭が軍需品として欠かせないことをよくわきまえていたが、金銭の価値を正しく評価することを美徳にまで高めようとは思わなかったのである。

倹約は禁欲のための訓練

武士道において倹約が説かれたのは事実であるが、それは経済的理由というよりも禁欲のための訓練であった。贅沢は人間性を侵す最大の脅威と考えられた。このため武士階級はきわめて質素な生活をすることが求められ、多くの藩で奢侈《しゃし》禁止令が出されることとなる。

歴史を読むと、古代ローマでは、収税人その他財政に携わる者が次第にその地位を騎士階級にまで高められたという。国家はこれによって、彼らの職務を高く評価していること、また金銭の重要性を評価していることを示したのであった。このことが、ローマ人の贅沢と強欲とにいかに緊密に結びついているかは想像するに難《かた》くない。

「物事の判断」「実務処理」能力を優先

武士道では、財政を体系的に低いものと見なしていた。すなわち、財政の職の者は道徳的あるいは知的職務の者よりも下位であったのである。

このように、金銭とそれに対する執着は努めて忌避《きひ》されたから、武士道は、金銭に基づく弊害を長きにわたって避けることができた。このことは、わが国の官吏に長く汚職が見られなかったことを説明するに十分な理由である。だが、残念ながら現代において、なんと急速に金権政治がはびこって来つつあることか。

今日であれば、主として数学を学ぶことにより培う知能の訓練は、当時、文学の解釈や倫理学的な議論を交わすことによって行われた。若者が抽象的な問題で頭を悩ますことはほとんどなく、教育の主目的は、すでに述べたごとく品性の確立にあった。

単に知識が頭に詰まっているだけでは、多くの人の尊敬を受けなかったのである。

中世イギリスの哲学者ベーコンは、学問が持つ三つの効用を上げている。すなわち、喜び、外見、能力の三つであるが、武士道はそのうち能力を決定的に優先させた。

それも「物事の判断および実務の処理」の能力であった。公務の処理のためにせよ、自制心の発揮のためにせよ、実践的な目的を持って教育が行われたのである。

「いくら学問をしても、考えることをしなければ、無駄である。考えても、学ぶことをしなければ危険である」と孔子が説くところを実践したのであった。

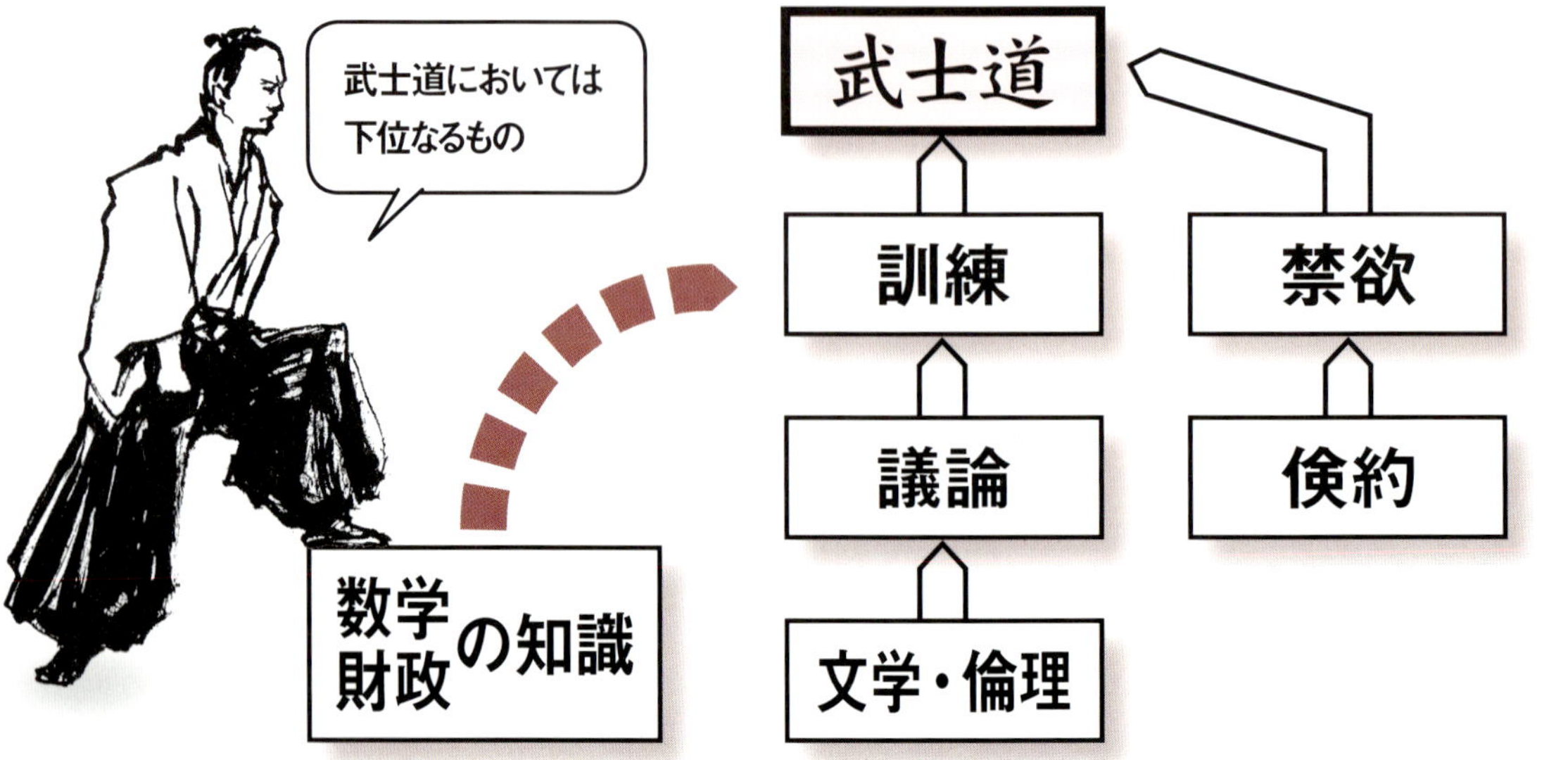

知識ではなく品性、頭脳ではなく魂の問題

教師の教え導くべき問題が、知識ではなく品性、頭脳ではなく魂の問題である時、その教師の仕事は聖職の性格を帯びてくる。「私を生んだのは父母である。私を人たらしめたのは師である」こういう観念の下で、教師に対する尊敬はきわめて高かった。若者に、そのような信頼と尊敬を呼び起こす人物は、当然ながら学識とともに高い人格を備えている必要があった。父のない子には父親であり、道を外した者には助言者であった。

わが国の金言には「父と母は天と地のようなものであり、教師と主君は太陽と月のようなものである」というのがある。

今日のように、あらゆる種類の仕事に報酬を支払う、というやり方は武士道の信奉者の間では一般的ではなかった。武士道は、お金や値段の問題でないからこそ提供できる仕事の存在を信じていた。教師にせよ、僧侶にせよ、そうした精神的なことに関わる仕事は、金銭で報いられるべきものではなかった。その精神的な仕事が価値がないからではなく、評価できないほど価値が大きいと考えられたからである。

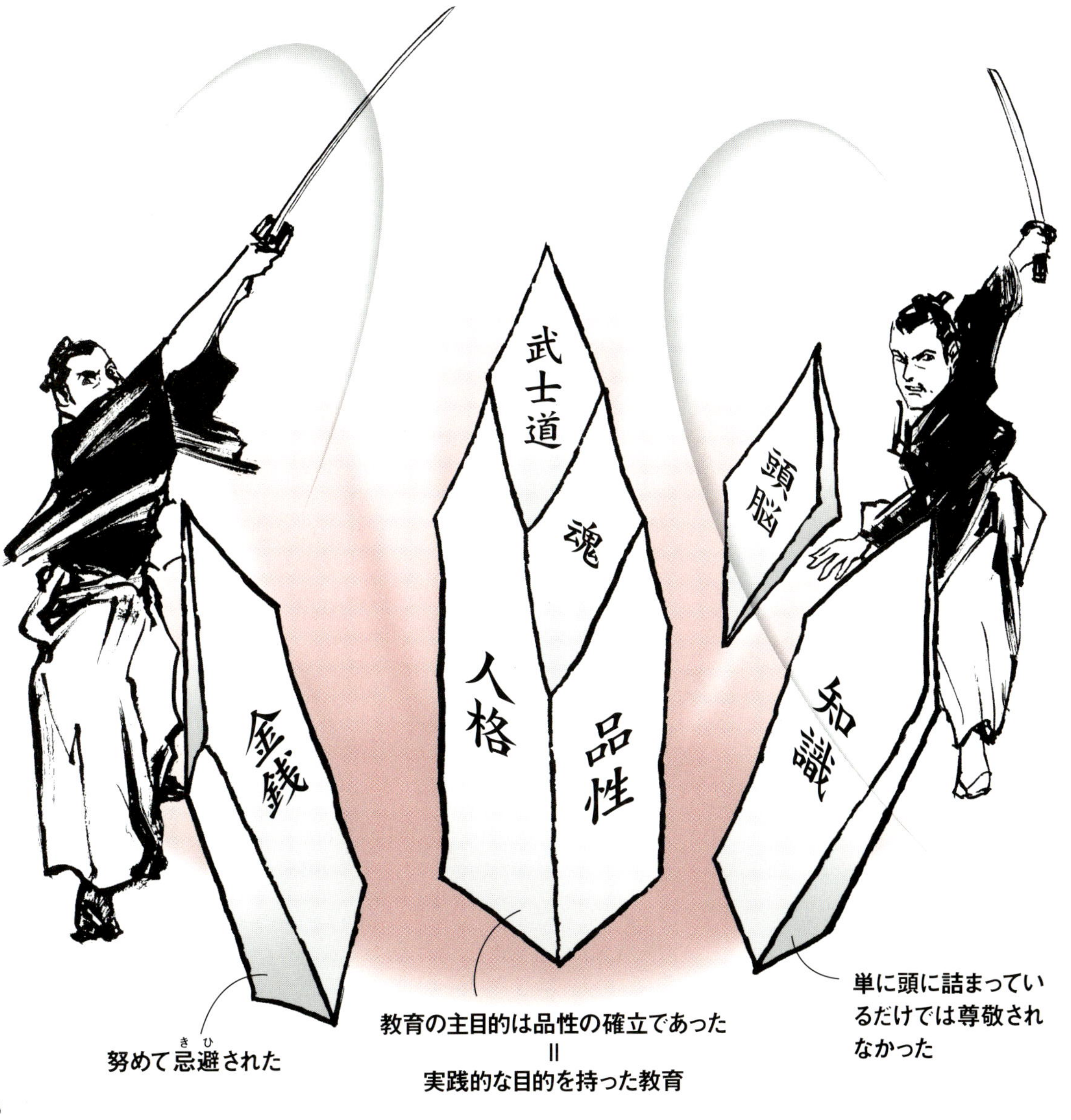
武士道
魂
人格
品性
金銭
頭脳
知識
単に頭に詰まっているだけでは尊敬されなかった
教育の主目的は品性の確立であった
=
実践的な目的を持った教育
努めて忌避《きひ》された

第十二章　「克己心」を学ぶ

不満を言わずに耐える精神

片方で忍耐力の養成として、不満を言わずに耐える精神を教え込まれる。もう片方では、礼儀の教えにより、他人の楽しみや平穏を乱さぬよう、自分の悲しみや苦痛を表に出さないことが求められる。この二つが結び付いて一つの社会的気質が生まれ、ついには外見的には禁欲的な国民的性格を形成した。

外見的というのは、真の禁欲主義が一国の国民全体を特徴づけるものとはなり得ないと思われるし、また、わが国民の風俗習慣には、外国から見ると薄情に見えるものもあるかもしれぬ、と思うからでもある。

しかしながら、わが国民は世界のどの民族にも劣らず、優しさを知っている民族なのである。ある意味では、わが国民は誰にも増して、いや何倍も、ものに感ずるところがあると思う。なぜなら、自然の感情が駆り立てるものを抑えようと努めること自体が、苦痛を伴うことだからである。

自分を慰めるための涙を流してはならない、うめき声を上げてはならない、と躾けられた少年・少女のことを想像してもらいたい。そこには、このような努力が彼らの心を非情なものにするのか、より敏感なものにするのか、生理学上の問題ですらある。

戦争中のある出来事

日清戦争中の出来事で思い出すのだが、ある連隊が町を出発することになり、大勢の群集が隊長以下の部隊を見送るべく駅に集まっていた。

その場所に一人のアメリカ人がやってきた。国全体がかなり興奮していたときであったし、群集の中には兵隊の父母、妻、恋人もいたから、彼はそこで声高な感情の表現があると思っていた。

しかし、彼は妙に失望してしまった。予想とは違い、汽笛が鳴り、列車が動き始めると、何千もの人々は帽子をとり、頭を下げてお辞儀し、恭《うやうや》しく別れを告げたのだ。ハンカチも振られなければ、なんの言葉も発せられず、ただ深い沈黙があり、敏感な耳だけが、いくつかの切れ切れの忍び泣きを捉えただけであった。

家庭生活の場面でも、病気のわが子の息遣いを、一晩中、扉の向こうで立ち尽くしたまま聞いていた父親を私は知っている。親心の弱さから出た行為を人に見られたくなかったのである。最期が近いことを自覚しながら、勉学の妨げになるのを慮《おもんぱか》って、息子を呼び寄せなかった母親の例も知っている。

わが国には、歴史上も平常の生活の中にも、ギリシャの歴史家プルタークの『英雄伝』の最も感動的な場面にも匹敵する、英雄的な母親の実例が満ちあふれている。

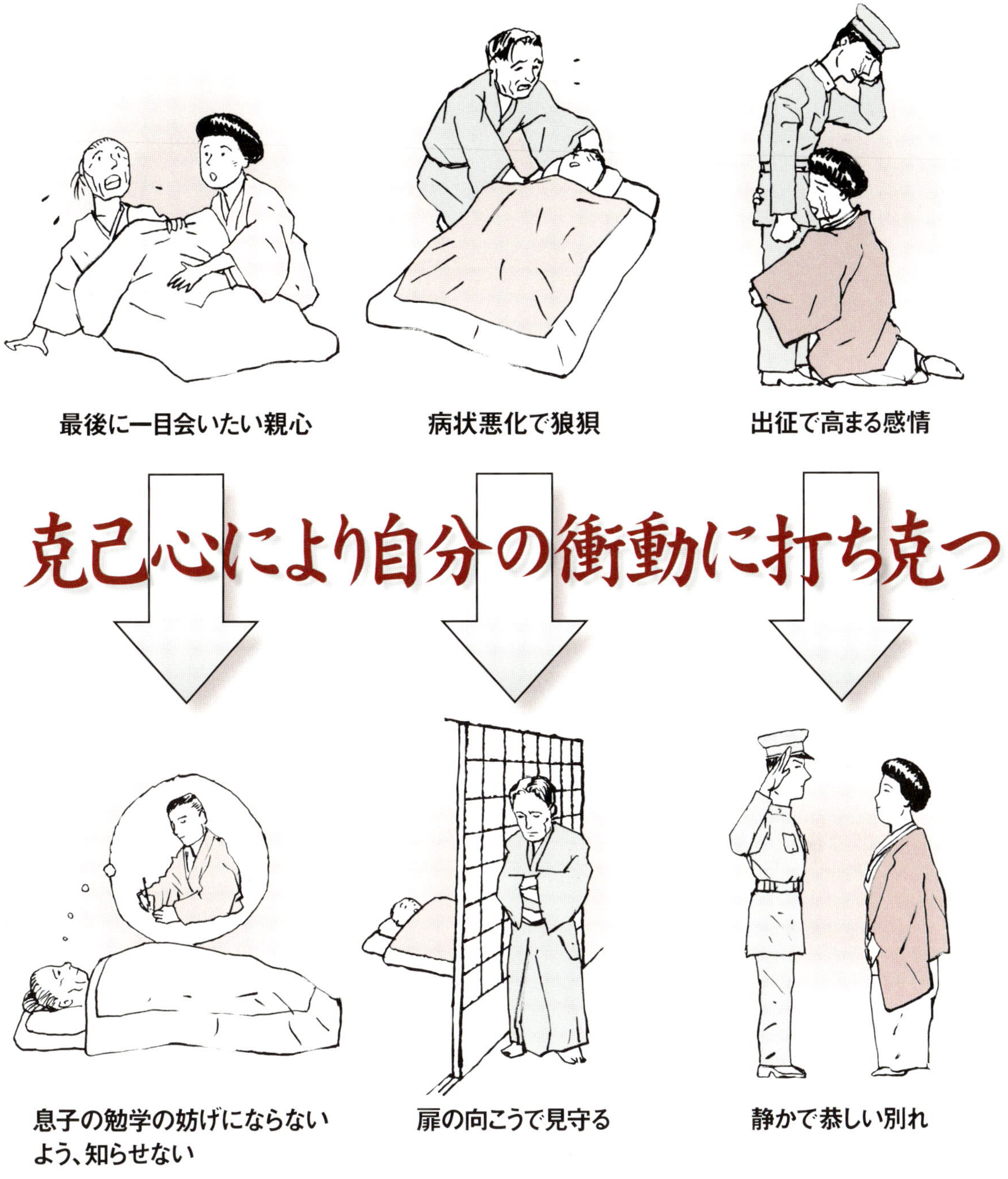
最後に一目会いたい親心
病状悪化で狼狽
出征で高まる感情
克己心により自分の衝動に打ち克つ
息子の勉学の妨げにならないよう、知らせない
扉の向こうで見守る
静かで恭しい別れ

武士の躾を知るには恰好のテキストですぞ。

〈参考図書〉

●杉本鉞《えつ》子著『武士の娘』

武士の娘として躾けられ、十代でアメリカに嫁いだ著者が、故郷での日常や自らが受けた躾とアメリカでの生活などについて英語で書き綴ったエッセイ集。翻訳本は現在も購入できる。

表明することを静かに抑える

男にせよ、女にせよ、心が揺さぶられることがあったとしても、最初の本能的な反応は、そのことを表明することを静かに抑えることである。たとえ誠実さと熱情を訴える弁舌を持った日本人がいたとしても、抑えがたい心に突き動かされて、舌が自由に動くことは稀である。

霊的な経験を軽々しく口にすることを奨励するのは、「あなたは、あなたの神、主の名をみだりに唱えてはならない」というモーゼの十戒の第三の戒めを破ることを奨励するようなものである。日本人にとって、最も神聖な言葉、心の神秘的な体験が、烏《う》合《ごう》の衆に向かって軽率に口に出されるのを耳にするのは、本当に不快なことなのである。ある若い武士は日記に次のように書いた。「お前の魂の土壌が、柔らかな思想で動いているのに自分で気付かないのか？ 種が芽生える時なのだ。余計な言葉でそれを妨げるな。静かに、独り密やかに動くままにさせせよ」

宗教の場合は特にそうであるが、人の心の奥底にある思想や感情を、多弁を弄《ろう》して語ることは、日本人にとって、それが深遠でも真実でもないことの明白な証《あか》しなのである。格言にも「口開けて、はらわた見する柘榴《ざくろ》かな」とある。

笑いが、悲しみや怒りと釣り合いを取る

感情が動いた時、それを表に出すまいと口を閉じようとするのは、東洋的な心のひねくれでもなんでもない。フランスの政治家タレーランの言ったごとく、しゃべることのほうが、往々、日本人にとって「考えていることを隠す技術」なのである。

ひどい悲しみにうち沈んでいる日本人の友人を訪ねたとする。彼はいつもと変わらぬ笑みを浮かべて迎えてくれる。しかしその目は赤く、あるいは頬が濡れている。最初は彼がヒステリー状態にあるのかと思ったりする。無理にでもわけを尋ねようとすると、いくつかありふれた言葉を口に出す。「人生には悲哀はつきものです」、「出会いに別れはつきものです」、「生まれた者は皆死ぬのです」、あるいは、「死んだ子の年を数えてみても仕方ありませんが、女は仕方のないことばかり考えるものです」などなど。

これからすると、プロシア王室ホーエンツォレルン家の一人が述べた「つぶやかずして耐えることを学べ」という気高い言葉は、それが語られるずっと以前から、すでに日本人の中に多くの共鳴者を持っていたことになる。

実際、日本人は、自分の人間性のもろさが厳しい試練に立たされた時でも、常に笑いに頼る。この日本人の笑い癖の理由には、笑う哲学者と呼ばれたギリシャのデモクリトスの笑い癖よりもっとマシな理由がある。というのも、日本人の笑いは、逆境にあって心が乱れた時、感情の平静さを取り戻そうとする努力を隠すためのものだからである。この場合、笑いが、悲しみや怒りと釣り合いをとる役目をしているのである。

口開けて、
はらわた見する柘榴かな
おいしいと言わんばかりに中身をひけらかすのは軽々しいのお

考えていることを隠す技術

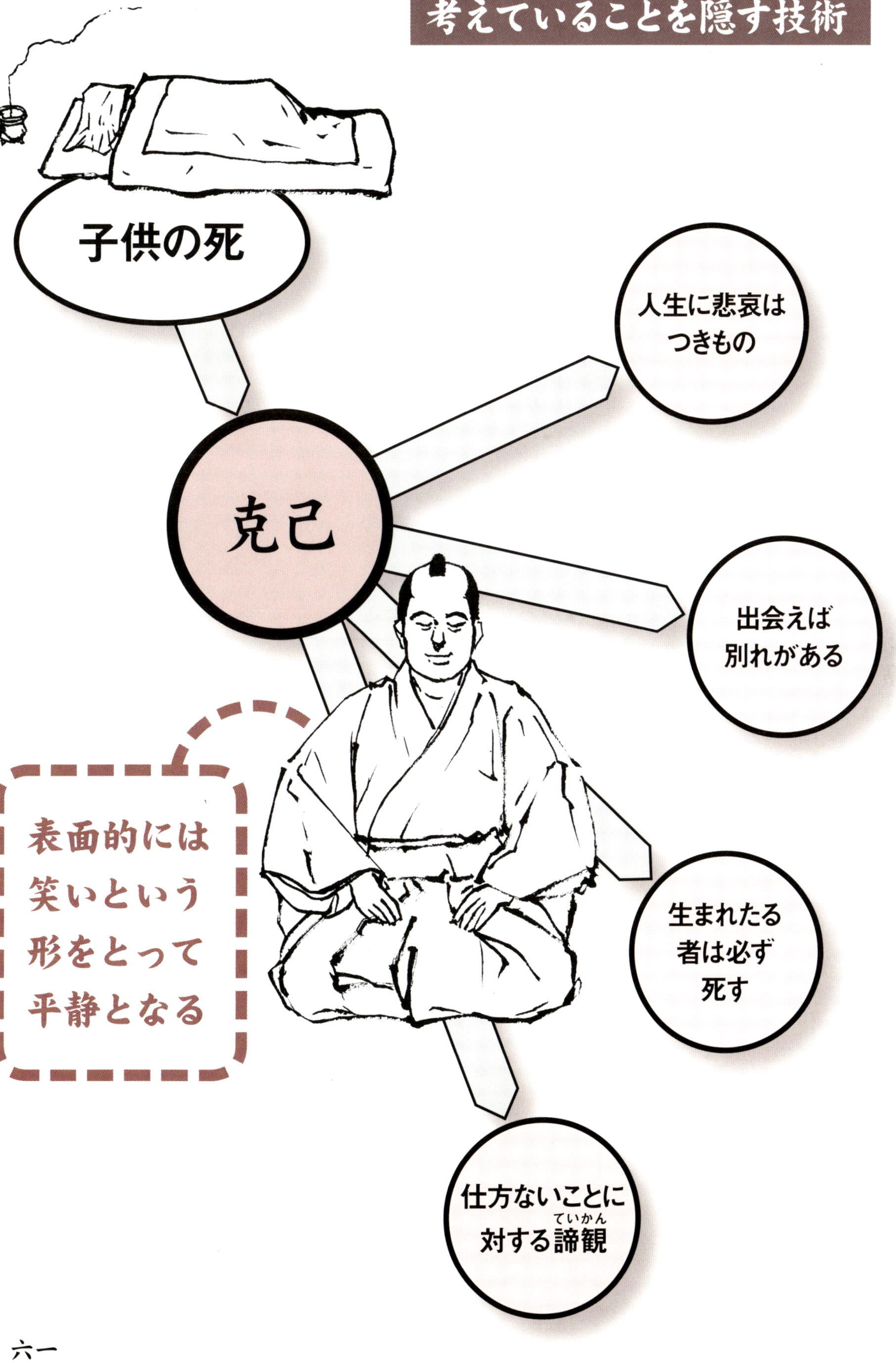

子供の死
克己
人生に悲哀はつきもの
出会えば別れがある
生まれたる者は必ず死す
仕方ないことに対する諦観《ていかん》
表面的には笑いという形をとって平静となる

辛い嘆きを詩に託す

感情をむき出しにしないことが、このように絶えず求められているから、日本人はそれを吐露《とろ》する安全弁を詩歌に求めた。

一〇世紀の歌人紀貫之は、「日本でも中国でも、人間が悲しみに襲われた時、その辛い嘆きを詩に託す」と書いている。

死んだ子のことを嘆く母親が、その子はいつものトンボ採りに行って家にいないのだ、と想像して自らを慰めた俳句がある。

蜻蛉《とんぼ》つり　今日はどこまで　行ったやら

（伝加賀千代女）

他にも例はあるけれども、ここに挙げるのは控えておこう。なぜなら、血を吐くように胸から一滴一滴しぼり出され、一語一語を玉をつなぐようにして、類い希なる詩歌とした思いの数々を私が外国語に翻訳しても、わが文学の珠玉を正しく伝えることができないからだ。ただ、しばしば冷淡のように見え、あるいは笑いと落胆がヒステリックに混じり合っているかのように見え、ときにその健全性が疑われる、われわれの内なる心の動きについて、ある程度は説明できたかと思うのである。

多感な日本人にとっての必要性

日本人が苦痛に耐え、死を恐れないのは、神経に細やかさが欠けるためではないか、という説も出されている。なるほど、もっともらしい説ではある。

それでは、なぜわれわれの神経は他と比較して敏感ではないのか？

わが国の気候がアメリカより刺激的でないせいかもしれない。あるいは、わが国の立憲君主制が、フランス人に共和制が与えるような興奮を、国民に与えないせいかもしれない。

私は個人的には、われわれは非常に興奮しやすく、かつ多感であるがゆえに、常に自己抑制の大事さを認識し、実行することが必要であったからではないかと、そう思っている。

どのような説明をするにせよ、長年にわたる克己の鍛錬を考慮しなければ、正しい答えは出てこない。

理想は心を平らかにすること

克己の鍛錬は、度が過ぎやすいものである。魂の穏やかな流れを抑えてしまうのである。従順な性格をゆがめ、奇怪なものにすることもある。偏狭な行為を生み、偽善を育て、人や物に対する愛情を鈍らせることもあり得る。

いかに気高い美徳であっても、その反面があり、偽物もある。一つ一つの美徳の持つ積極的な美点を認めて、その理想を追うことに努めなければならない。克己の理想とするところは、日本語で表現すると、心を平らかにすることであり、ギリシャ語で表現すれば、デモクリトスが最高の善とした、エウテミア、すなわち魂の平穏さである。

いつもかくありたいものですな!

武士の家訓から学ぶ

北条重時（一一九八～一二六一）

北条義時の子。

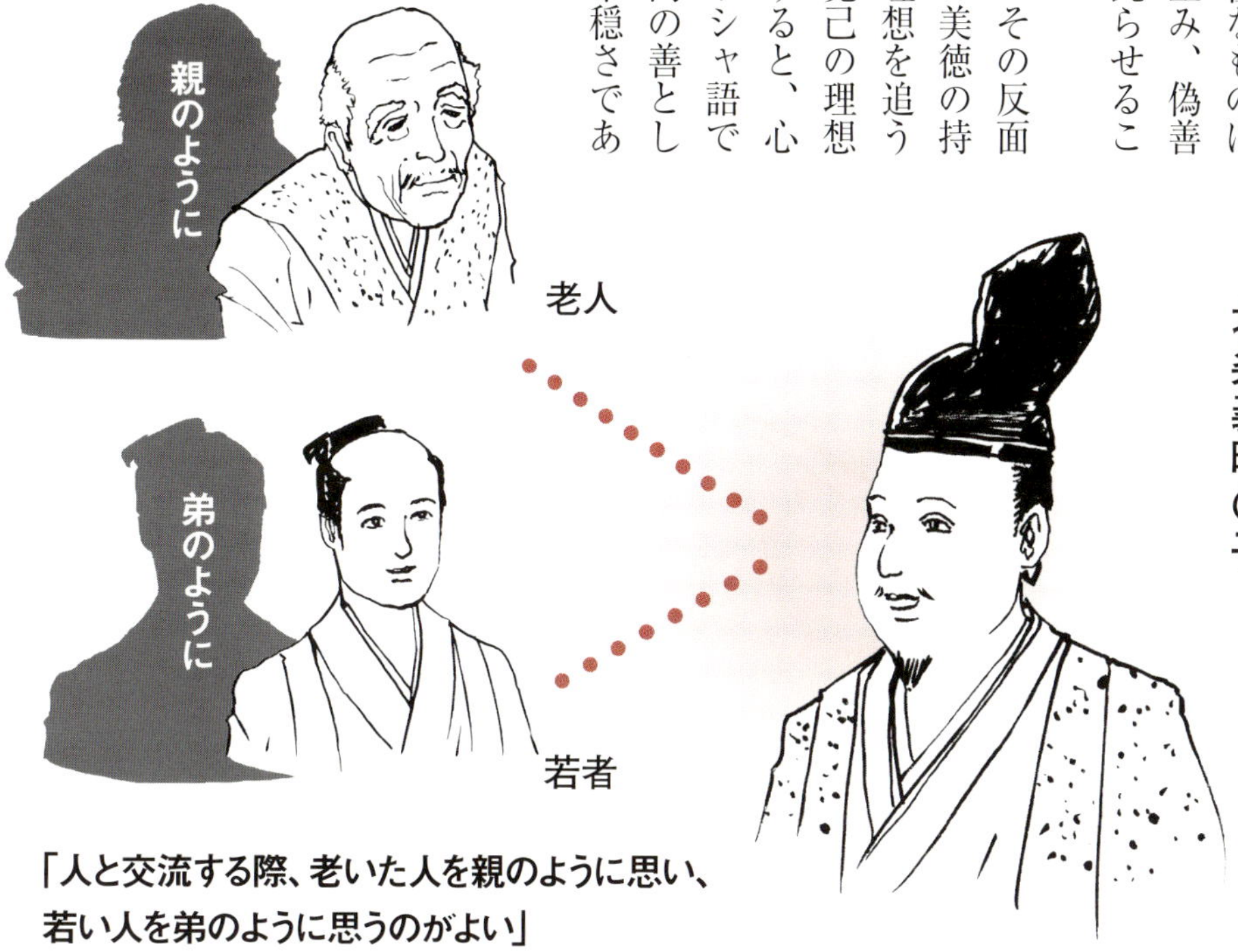
親のように
老人
弟のように
若者

「人と交流する際、老いた人を親のように思い、若い人を弟のように思うのがよい」

武田信繁（一五二五～一五六一）

武田信玄の弟。

常に油断をせず、行儀作法についても注意を怠ってはならない
戦場に臨んだ場合、少しの卑怯未練な振る舞いがあってはならない
戦場においてすら!

第一二章 切腹および敵討ちについて

海外にもあるハラキリ

「腹を切るだと? なんて馬鹿げたことを!」初めてこのことを聞く人はそう叫ぶことだろう。たしかに初めのうち、外国の人には途方もなく奇怪なことに聞こえるかもしれない。

　しかし、シェイクスピアをよく読む人にとっては、それほど奇異ではないはずである。彼は『ジュリアス・シーザー』の中で、ブルータスに「おまえ(シーザー)の霊はこの世をさまよい、われら自身の剣でわれら自身の臓腑《ぞうふ》を屠《ほふ》らせるのだ」と言わせているのだから。もっと他の例を挙げよう。

　ジェノヴァのパラッツオ・ロッサに飾られている、十七世紀イタリアの画家グェルチーノの絵には、小カトーの割腹自殺の場面が描かれているではないか。そして十八世紀イギリスの劇作家アディソンが、劇の中で、小カトーに詠ませる辞世の詩を読んだ人は誰も、彼の腹に半分突き刺さった剣を嘲《あざわら》ったりはしないだろう。

　日本人は、このような死に方を見ると、気高く悲哀に満ちた数々の話を思い起こす。われわれは、切腹という概念に嫌悪感を持つことはなく、まして嘲笑したりはしないのである。

切腹の論理

　身体のこの部分を特に選んで切るのは、そこが霊魂と愛情の宿るところだ、という古い解剖学的な信念に基づいていた。

　ヘブライ語では「腸《はらわた》」は「心」も意味する。旧約聖書の創世記において、モーゼの言葉は「ヨセフはその弟のために腸(心)焚《や》くるがごとく」と表現され、また、詩篇においてはダビデが、神がその腸(あわれみ)を忘れざらんことを祈ったとされる。

　他にもイザヤ、エレミヤなど旧約聖書の時代、霊感を受けた人々も腸が「鳴る」、もしくは腹が「いたむ」、という表現を使った。

　これらはいずれも、広く日本人の間にある、腹の中に霊魂が宿るという信仰と共通している。

　また、中近東から北アフリカ海岸地域に広がるセム族は、肝臓や腎臓、それを取り巻く脂肪に感情と生命が宿るとしていた。

　日本語の「腹」という単語の意味は、ギリシャ哲学で似た趣旨に用いられた腹を意味するギリシア語のフレン(phren)もしくはツーモス(thumos)よりも意味合いが広いが、いずれにせよ日本人も古代ギリシャ人も共に人間の霊魂は腹のあたりに宿ると考えていたということである。

　このような考え方をするのは、別に古代の人々に限らない。フランスの哲学者デカルトは、霊魂は脳の中の松果腺にある、という説を唱えた。しかしそれにも関わらず、フランス人は、お腹を意味するヴァントル(ventre)という語を、今日でも勇気を意味するのにも使っている。この語の意味は、解剖学的にはあいまいかもしれないが、生理学的にははっきりしている。同様にアントライユ（entrailles）は、腸、臓腑を意味するが、これを愛情、思いやりの意味にも使うのである。

　こうした見解が、いったん認められれば、切腹の論理の組み立ては容易である。

「私の霊魂が宿っている所を開いて、あなたにその状態をお見せしよう。霊魂が汚れているか、清浄か、自分の目で確かめて欲しい」というわけだ。

実際は扇子《せんす》腹といって短刀の代わりの扇子を取ろうと首を伸ばしたときに介錯《かいしゃく》する形式が多かったのじゃ。

霊魂の宿る場所についての見解例

ヘブライ旧約聖書	日本人	ギリシャ	セム教	フランス
腸＝心	腹→霊魂	腹→魂	肝臓 腎臓→生命	腹＝勇気

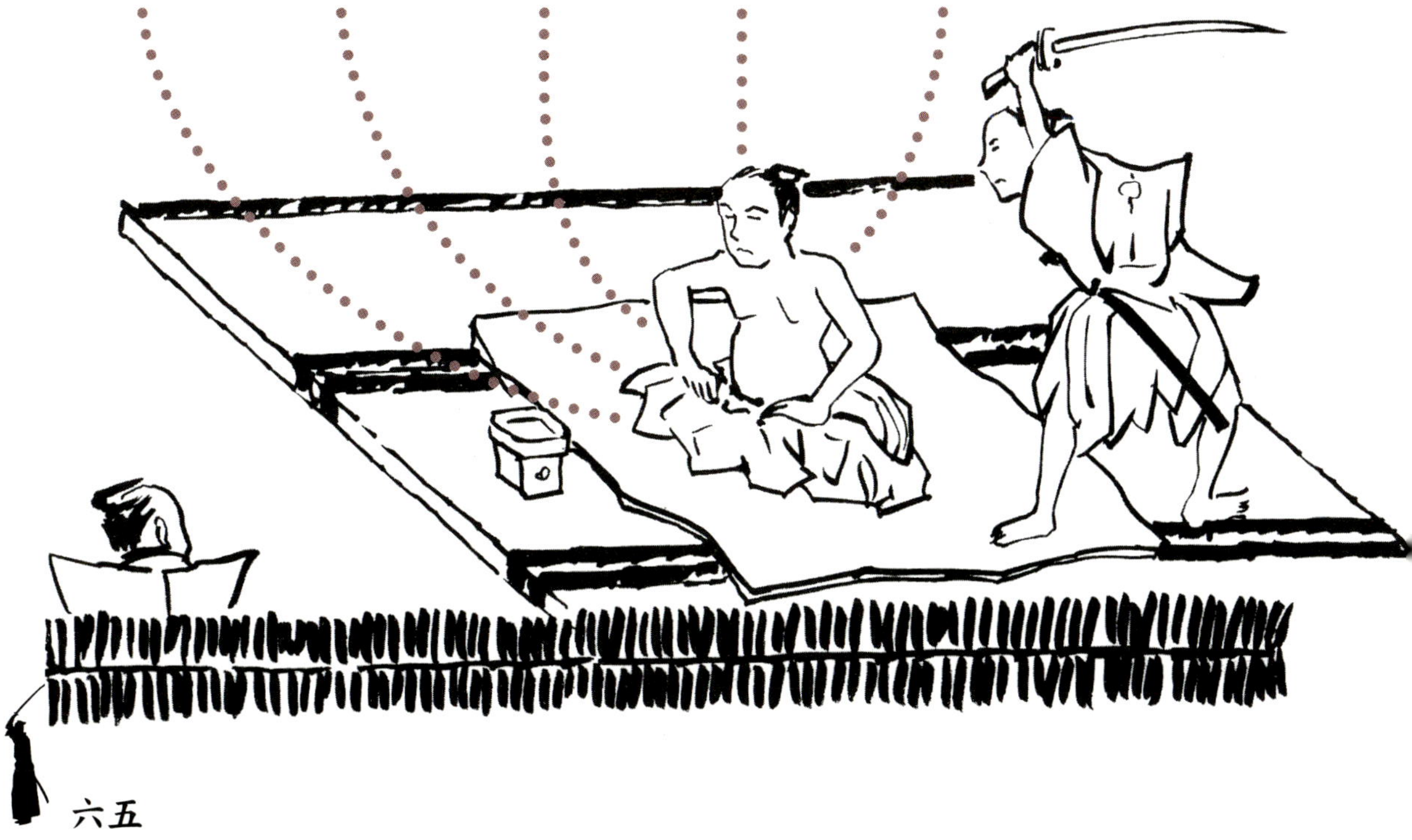

名誉を重んじた人々

私は、自殺を宗教的に、ましてや道徳的に正当化しようとしているなどとは思われたくない。ただ、名誉を重んずることが、多くの人にとって自ら死を選ぶに足る十分な理由になった、ということを言っているのだ。

名誉が失われた時は、死こそ救い
死は恥辱を避ける確かな隠れ家

イギリスの詩人ガースのこの詩と同じ思いで、いかに多くの人が、笑みを浮かべながら、自ら命を絶っていったことか！

武士道は、名誉に関わる死を、多くの複雑な問題を解決する鍵として受け容れた。このため、功名心のある武士にとっては、自然な死に方は不甲斐《ふがい》ないことで、心から願う死に方ではなかったのである。

切腹は単なる自殺の一方法ではない

哲学の始祖ソクラテスの死は半ば自殺だった、と言うと言い過ぎだろうか。逃走できる可能性はあった。それを捨て、進んで国家の命令、それも道徳的に誤っていると自ら考える命令を受け容れたこと。そしてわが手で毒の入った杯を取った有り様。そこから数滴を注いで神に捧げることさえした態度。このような状況は彼の弟子によって、細かく伝えられている。それを読む時、われわれは彼のやり方および態度のすべてに、自殺の要素を認めないだろうか。

通常の処刑のように肉体的な強制はなかった。そしてたしかに裁判官の審判は強制的であった。「汝《なんじ》、死すべし。それは汝自身の手によって行うべし」となっている。しかし、自殺の意味が、自分の手で生命を絶つこと以上のことを意味しないとすれば、ソクラテスの場合は明らかな自殺である。そしてそのことで、彼を罪に問う者は誰もいまい。ただ、自殺を嫌うプラトンは、彼の師を自殺者と呼ぼうとはしなかったのではあるが。

ここまでで、読者は切腹が単なる自殺の一方法ではない、ということを理解されたと思う。切腹は法律上、儀式上の制度であった。中世に始まった切腹は、武士が、罪を償い、過ちを謝し、不名誉から免れ、友人の汚名をそそぎ、自らの誠実を証明する方法であったのだ。

法律上の刑罰として切腹が行われる時は、それにふさわしい儀礼をもって執行された。それは洗練された自殺行為であって、冷静な感情と、落ち着いた態度を持たなければできることではない。それがゆえに、切腹は格別武士にふさわしいものであった。

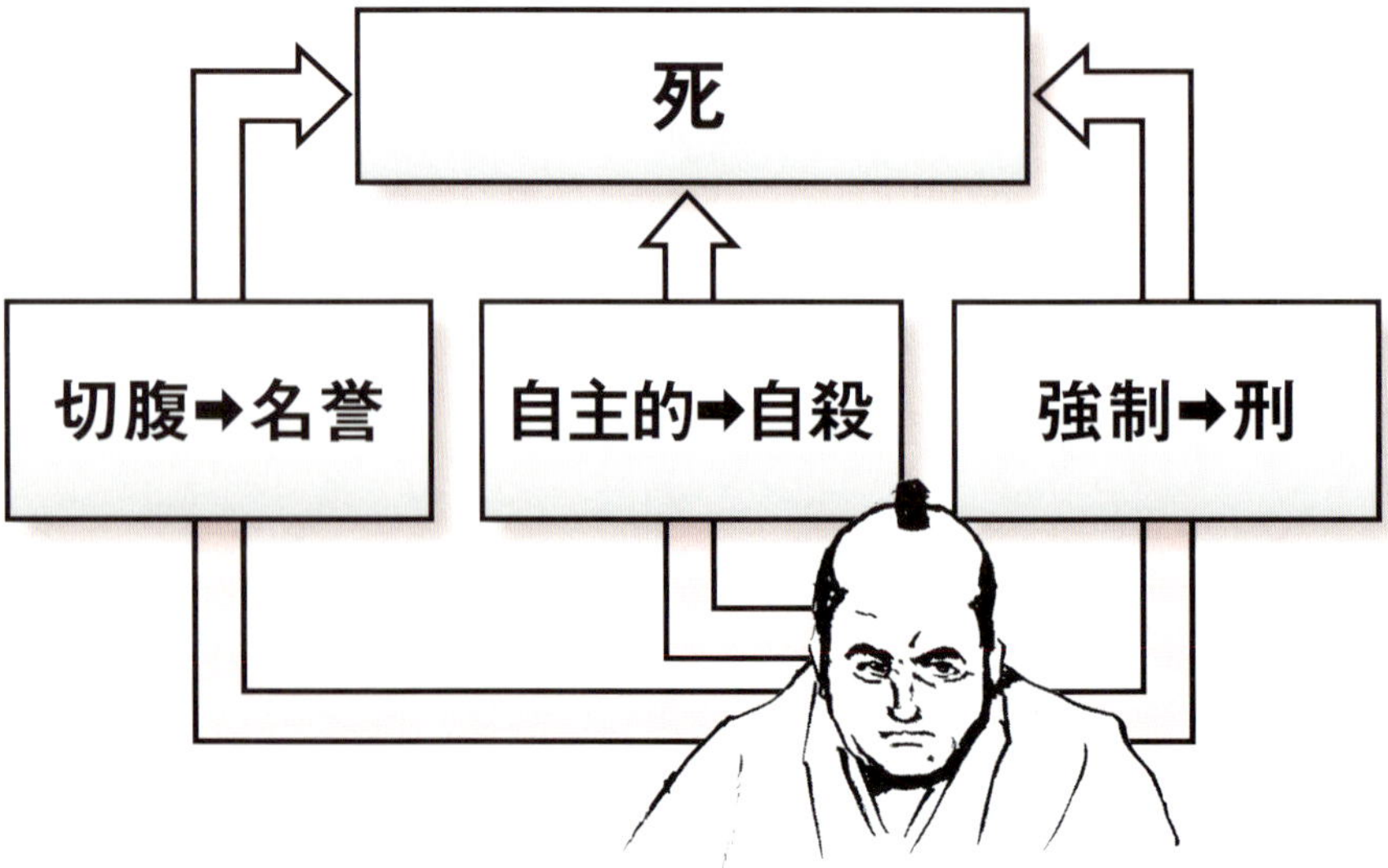

自らの
誠実の
証明
不名誉から免れる
過ちを謝す
汚名をそそぐ
罪を償う
切
腹

敵討《かたきう》ちの制度

次に、切腹の姉妹とも言うべき敵討ちの制度の中に共感すべき点はないのか、ということを考えてみよう。

私はこの問題は数語で片付けることができると思う。このような制度（これを習慣と呼びたければそれでもよいが）は、すべての民族で行われていたのであり、かつ今日でもまったく廃《すた》れたわけではないからである。それは、決闘やリンチが今もあることが証明している。

結婚という制度がない未開民族においては、姦通は罪ではなく、女性が他の男に取られるのを防ぐのは、恋人の嫉妬によってのみであった。同じように刑事裁判所のない時代にあっては、殺人は犯罪ではなく、ただ被害者の縁故者による絶えず機会をうかがっている復讐のみが、社会の秩序を維持したのである。

復讐者の理屈

復讐者の理屈はこうである。「私の父は善人であって、死すべき理由はなかった。父を殺した者は大悪事を犯したのである。もし、父が生きていたなら、このような行為は決して許さないだろう。天もその悪行を憎む。悪人にその所行を止めさせるのは、私の父の意思であり、天の意思である。彼は、私が殺さなければならない。なぜなら、彼は私の父の血を流したのだから、父の血肉を受け継いだ私が、父を殺した者の血を流さなければならないからである。私は彼と同じ天を戴《いただ》くわけにはいかないのだ」

この理屈は単純で子どもじみている（もっともハムレットにしても、これ以上深遠な理屈を持っていたわけではないが）。しかし、この中に、人間が生来的に持つ正確な平衡感覚と正義に対する平等感が表れている。「目には目を。歯には歯を」である。われわれの復讐の感覚は、その数学能力のごとくに正確であり、方程式の両辺が満足されるまでは、何かがまだ果たされずに残っているという感覚を拭うことができないのである。

嫉妬深い神を信じたユダヤ教や、人間の犯す罪を罰する神であるネメシスを擁《よう》するギリシャ神話においては、復讐を超人的な力に委ねることができたであろう。

だが日本人は常識により、武士道に一種の道徳的衡平《こうへい》裁判所として、敵討ちの制度をつくり、普通の法によっては裁判できな

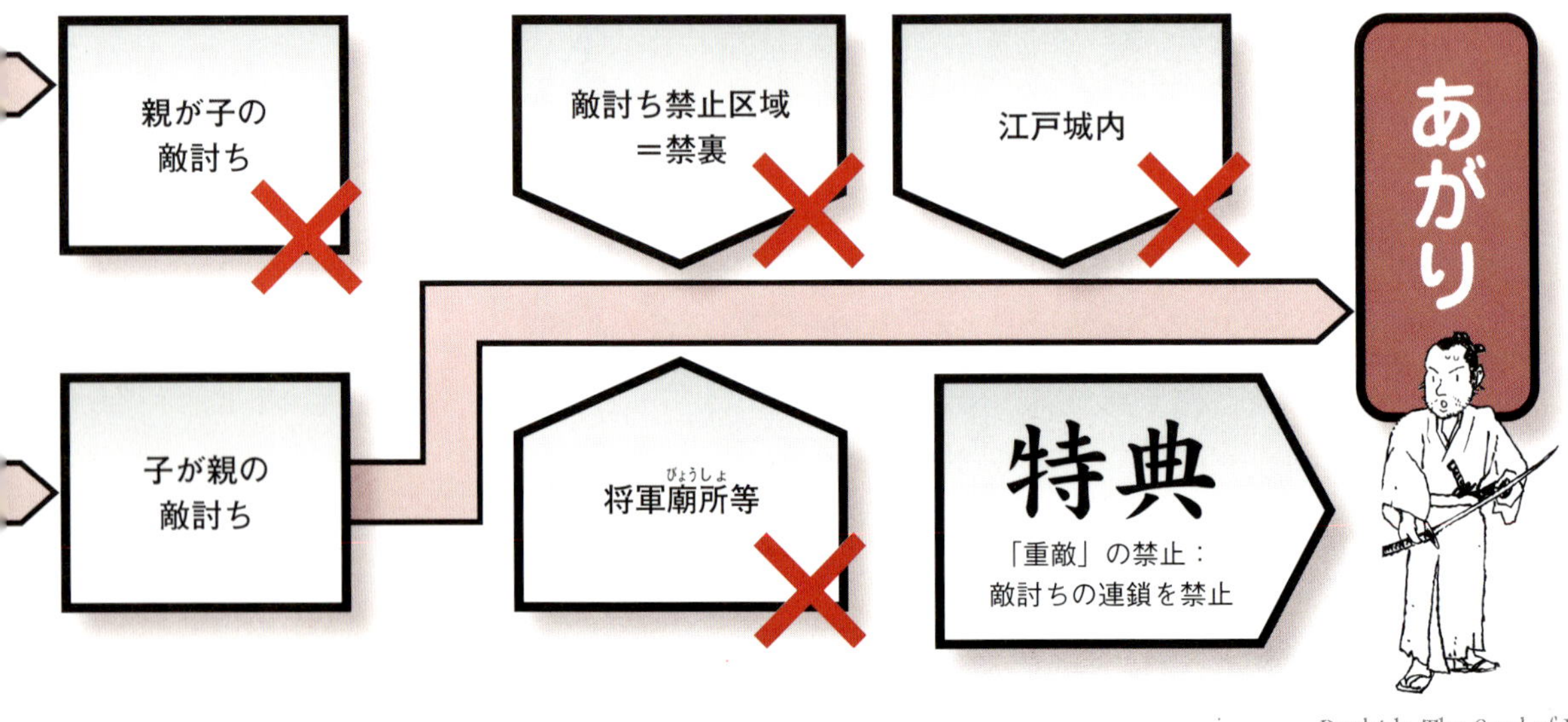

あがり
江戸城内
敵討ち禁止区域
＝禁裏
親が子の
敵討ち
子が親の
敵討ち
将軍廟所《びょうしょ》等
特典
「重敵」の禁止：
敵討ちの連鎖を禁止

い事件をこれに訴えることを可能にした。

目上か恩人のために行われた敵討ち

四七士の主君は死罪を宣告されたが、彼が控訴できる上級裁判所は当時なかったのである。そこで、彼の忠実な家来は、敵討ちに訴えた。それが当時彼らが訴えることのできる唯一の最高裁判所であったのだ。そして今度は自分たちが普通法によって死罪を宣告される。しかし民衆の本能が出した判決は別であった。だから、彼らのことは今日まで人々の記憶の中に生き生きと残り、泉岳寺《せんがくじ》にある彼らの墓には花や線香が絶えることがない。

老子は「怨《うら》みに報いるに徳を以《もっ》てせよ」と説いた。しかし、それよりも、「怨みに報いるに正義を以てせよ」と説く孔子の影響力のほうがずっと大きかった。その場合でも、敵討ちは目上の者か恩人のために行われる時のみ正当とされていた。自分自身や妻子に加えられた危害については、これに耐え、許すべきものとされたのである。

したがって日本の武士は、祖国の敵に報いようとするカルタゴの将軍ハンニバルには、完全な共感を覚えるが、十七世紀スコットランドの政治家ジェームス・ハミルトンは、軽蔑したであろう。彼は、妻の墓から取り出したひとつまみの土を自分の帯に付けることで、摂政マレーに対して、妻の敵を討つための励みとしたのであるから。

敵討ちの制度

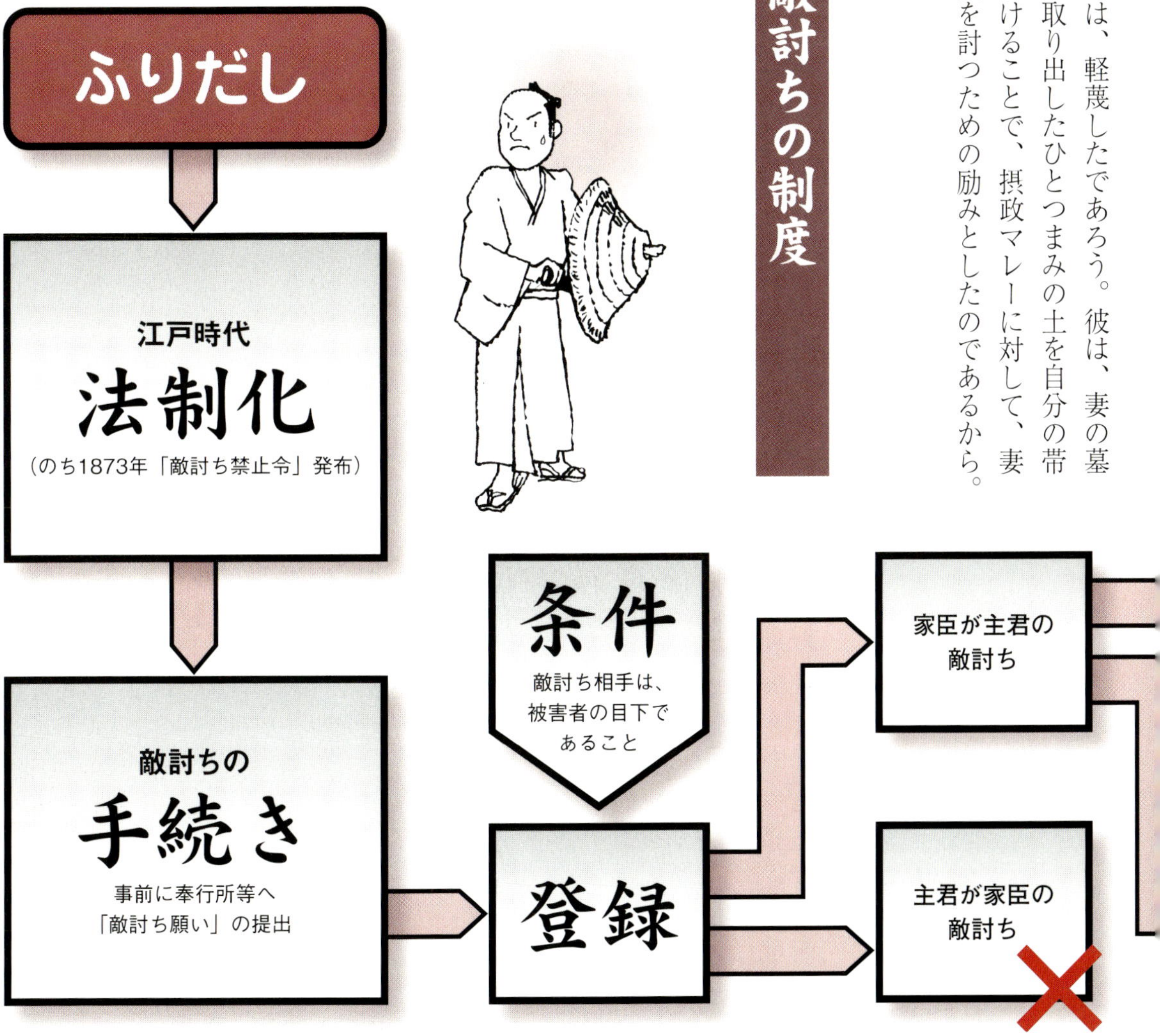
ふりだし
江戸時代
法制化
（のち1873年「敵討ち禁止令」発布）
敵討ちの
手続き
事前に奉行所等へ
「敵討ち願い」の提出
条件
敵討ち相手は、
被害者の目下で
あること
登録
家臣が主君の
敵討ち
主君が家臣の
敵討ち

第十三章　刀・武士の魂

「武門に入る」儀式

　武士道は、刀を力と勇気の象徴とした。マホメットは「剣は天国の鍵でも、地獄の鍵でもある」と宣言したが、それはまさに日本人の感情の反映にほかならない。

　武士の子どもは、ごく幼い頃から刀を用いることを学んだ。五歳になると非常に重要なお祝いがある。それは、武士の正装を身につけて、碁盤の上に立たされ、これまで遊んでいた玩具の短刀の代わりに腰に本物の刀を差し、これにより正式に武士の仲間入りをするのである。

　こうして「武門に入る」最初の儀式が終わると、身分の象徴である刀なしで、その子が家の外に出掛ける姿を見かけることはもはやなくなる。だが普段は大抵の場合、銀塗りの木刀で代用していた。それから数年すると、たとえなまくらではあっても本物の刀を常に腰に差すようになり、まがい物の刀は捨てられる。新しい刀を手にして喜び勇んで戸外に出て、その切れ味を辺りの木や石で試してみるのである。

　十五歳になって元服し、単独の行動が許されるようになると、今やどのような役にも立つ鋭い武器を持つことを誇りに感じるようになる。危険な武器を持つことが、自尊心と責任感を抱かせたのである。「伊達に刀は差さぬ」であった。

刀は忠誠と名誉の象徴

　腰の刀は、心に抱いているもの、すなわち忠誠と名誉の象徴であった。

　二本の刀のうち、長いほうは太刀あるいは刀、短いほうは小刀あるいは脇差と呼ばれ、身辺から決して離さなかった。屋敷内では書斎か居間の最も目に付きやすいところに置かれ、夜にはすぐ手の届くところに置かれて枕元を守るのである。

　刀は離れることのない伴侶《はんりょ》として愛され、親愛ぶりを示すにふさわしい名前が付けられた。その敬愛ぶりが高まり、ほとんど崇拝されるようになる。

　歴史の父、ギリシャのヘロドトスは、奇妙な情報として、スキタイ人は鉄で作った三日月刀に生贄《いけにえ》を捧げると記録している。日本では、多くの社寺や家庭で、刀を崇拝の対象として秘蔵していた。ありふれた短刀にさえ、しかるべき敬意が払われたのである。それに対する侮辱は、その持ち主個人に対する侮辱に等しかった。床に置かれた刀を不注意に跨《また》ぐことなど許されることではなかった。

　このように貴ばれると、工芸家の関心と技巧、そして所有者の虚栄心の的となるのは当然だった。平和な時代になって、刀が司教の持つ錫杖《しゃくじょう》や、王の持つ笏《しゃく》のような役目しか持たなくなると、特にそうであった。鮫皮や最上質の絹を巻いた柄《つか》、金や銀の鍔《つば》、さまざまな色に塗った漆塗りの鞘《さや》などにより、この凶器から、恐ろしさを半分減じてしまった。だがこれらの装飾は、刀身そのものに比べればほんの玩具に過ぎないのである。

武家の教育例

（歳）
5
6
7
8
9
10
11
12
13
14
15
●書の手習い
●四書五経などの素読
●剣術／相撲／柔術
●弓術／砲術…
●馬術の練習
（木馬で練習し、のち本物で練習）
元《げん》服《ぷく》
●大人の髪を結う
●幼名を改める

刀匠《とうしょう》は神聖な芸術家

刀匠は単なる熟練した職人ではなく神聖な芸術家であり、その工房は聖域であった。

彼は毎日神に祈り、みそぎをしてから、仕事を開始する。「その心魂気迫を打って鍊鉄鍛冶《れんてつたんや》」したのであった。

刀身《とうしん》を大槌で打つのも、水に漬けることも、砥石《といし》で研ぐことも、その一回一回の行為がすべて重要な宗教的行為だった。日本の刀剣に人を畏怖《いふ》させるほどの魅力を帯びさせたのは、刀匠の霊魂であろうか、彼を守護する神であろうか。

日本刀は、あのトレドやダマスカスの名刀をもしのぐほどに芸術品として完璧でありながら、そこには芸術が与えるものを超える何かがあるのだ。鞘から引き抜かれた瞬間、冷たく冴えた刀身はその表面に大気の湿りを帯びる。曇りない肌は青白い光を放ち、比類無き刃の上には歴史と将来が秘められ、その反りは絶妙の美と至高の強さを結合させている。これらのすべてが、力と美、畏敬と恐怖とが混じり合った感動をわれわれに与えるのである。

刀が、美と喜びの工芸品にとどまってさえいれば、何も危険なものではなかったであろう。だが、いつも手の届くところにあったために、乱用したくなる誘惑は小さいものではなかった。刃が、平和な鞘からきらめき出ることも頻繁《ひんぱん》に起きた。その挙げ句に、新たに手に入れた刀の切れ味を試そうとして、罪のない生き物の首を斬ることさえしばしばあった。

「無血の勝利が最善の勝利」

しかし、最も気になるのは、武士道は刀の無差別な使用を是認したのか、という問題である。その答えは断じて否である。武士道は、刀の適切な使用を強調し、一方でその乱用を非難し、忌み嫌った。時と所をわきまえず、やたらに刀を振り回す者は、卑怯者とか腑抜けと見なされた。沈着冷静な者は、刀を用うべき時はいつか知っており、かつ、そのような時は滅多になかったのである。

勝海舟は、わが国の歴史上、物情最も騒然とした時代の一つをくぐってきた人である。暗殺、切腹、その他、血生臭い事件が毎日起こる時代であった。当時、勝はほとんど独裁と言ってよい権力を持っており、何度も暗殺の対象になったが、最期まで彼の刀が血に染まることはなかった。

彼は、当時の思い出を友人に、彼特有の庶民的な口調で次のように語っている。

「私は人を殺すのが大嫌いで、一人でも殺した者はいないよ。みんな逃して、殺すべき者でも、まあまあと言って放って置いた。河上彦斎《げんさい》が教えてくれた。『あなたは、そう人を殺しなさらぬが、それはいけません。南瓜《かぼちゃ》でも茄子《なす》でも、あなたは取っておあがんなさるだろう。あいつらはそんなものです』と。それはヒドイ奴だったよ。しかし河上は殺された。私が殺されなかったのは、無辜《むこ》を殺さなかった故《せい》かもしれんよ。刀でも、ひどく丈夫に結《ゆわ》えて、決して抜けないようにしてあった。人に斬られても、こちらは斬らぬという覚悟だった。なに、蚤《のみ》や虱《しらみ》だと思えばいいのさ。肩につかまって、チクリチクリと刺しても、ただ痒《かゆ》いだけだ、生命にかかわりはしないよ」

これが、その受けた武士道教育の成果を、困難と勝利とが激しく燃えさかる、るつぼの中で試された人の言である。

有名なことわざに「負けるが勝ち」というのがある。これは、真の勝利は、乱暴な敵には抵抗しないことにあることを言わんとしている。

「無血の勝利が最善の勝利」、その他、こ

れと似たような趣旨の格言があるが、これは結局のところ、武士道の究極の理想は平和にあることを示している。

だがこのような高い理想を説くことは、僧侶と道徳家に委ねられた。そして武士はというと専ら武芸の稽古と、それを賞賛することに明け暮れたのはきわめて残念なことであった。こうした結果、武士たちは女性の理想像を男勝りのアマゾネスにも似た性格に求めるまでになったのである。

では次に、その女性の教育と地位について述べることにしよう。

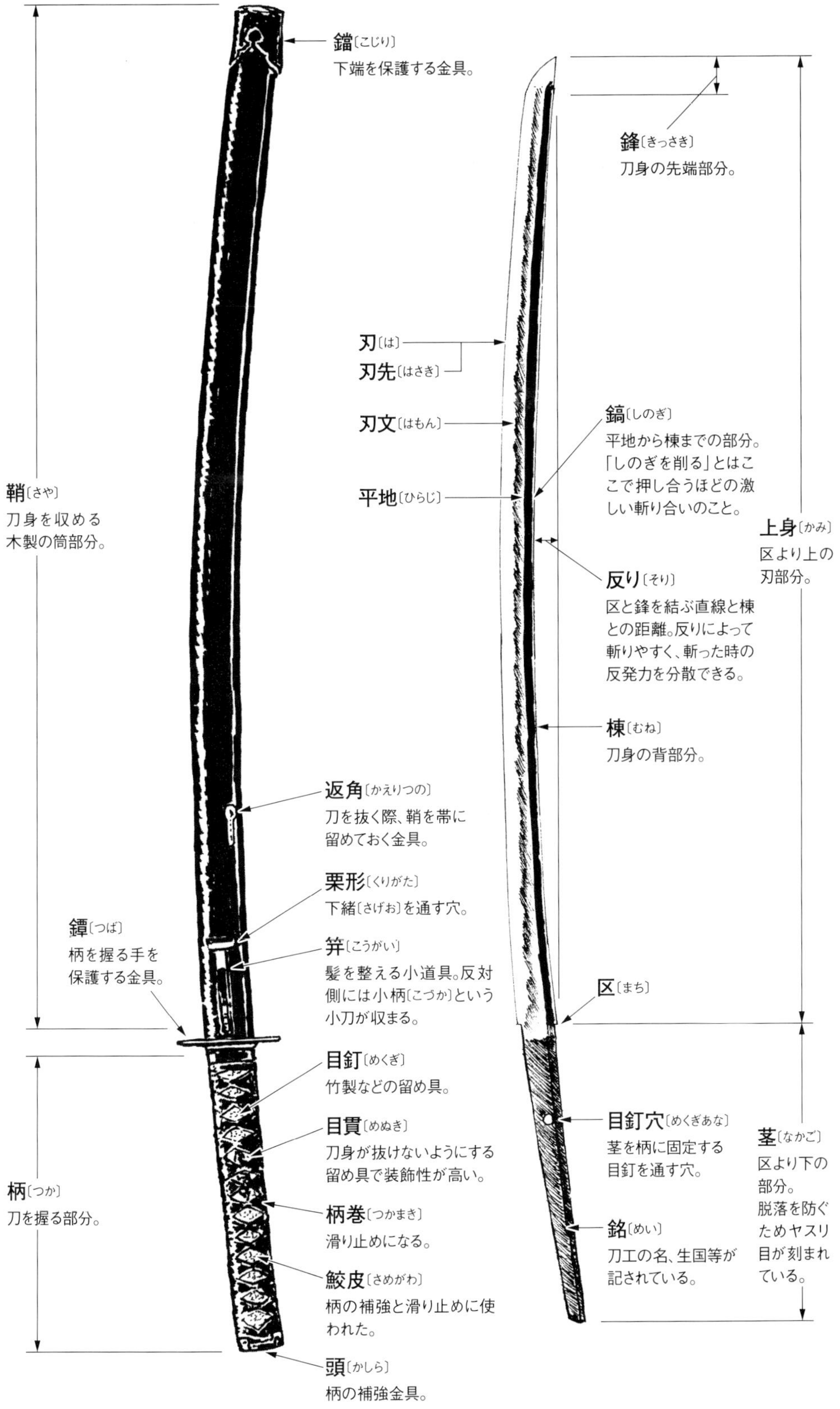

鐺〔こじり〕
下端を保護する金具。
鞘〔さや〕
刀身を収める木製の筒部分。
返角〔かえりつの〕
刀を抜く際、鞘を帯に留めておく金具。
栗形〔くりがた〕
下緒〔さげお〕を通す穴。
笄〔こうがい〕
髪を整える小道具。反対側には小柄〔こづか〕という小刀が収まる。
鐔〔つば〕
柄を握る手を保護する金具。
目釘〔めくぎ〕
竹製などの留め具。
目貫〔めぬき〕
刀身が抜けないようにする留め具で装飾性が高い。
柄〔つか〕
刀を握る部分。
柄巻〔つかまき〕
滑り止めになる。
鮫皮〔さめがわ〕
柄の補強と滑り止めに使われた。
頭〔かしら〕
柄の補強金具。
鋒〔きっさき〕
刀身の先端部分。
刃〔は〕
刃先〔はさき〕
刃文〔はもん〕
平地〔ひらじ〕
鎬〔しのぎ〕
平地から棟までの部分。「しのぎを削る」とはここで押し合うほどの激しい斬り合いのこと。
上身〔かみ〕
区より上の刃部分。
反り〔そり〕
区と鋒を結ぶ直線と棟との距離。反りによって斬りやすく、斬った時の反発力を分散できる。
棟〔むね〕
刀身の背部分。
区〔まち〕
目釘穴〔めくぎあな〕
茎を柄に固定する目釘を通す穴。
茎〔なかご〕
区より下の部分。脱落を防ぐためヤスリ目が刻まれている。
銘〔めい〕
刀工の名、生国等が記されている。

第一四章 婦人の教育と地位について

武士道における理想の女性像

人類の半分を成す女性は、時折、矛盾の典型と言われてきた。それは、女性の心の直感的な働きが、男性の数理的理解力を超えるからである。「不思議なもの」あるいは「理解することができないもの」の意を表す漢字である、「妙」の字は、「若い」を意味する「少」と「女」で成り立っている。このわけは、女性の身体の美しさと繊細な思考が、男性の粗雑な心理的能力を超えているところから出たものだ。

しかし、武士道における理想の女性像には神秘的なものはなく、外見的な矛盾だけが存在する。私は武士道における理想の女性像を、男勝りと言ったが、実はそれは真実の半面に過ぎない。

妻を表す漢字「婦」は、「帚《ほうき》を持った女」を意味する。もちろん、この帚は夫に対する攻撃にも、防御にも使うわけではなく、魔女の魔法に使われるわけでもない。もっと安全な、帚が発明された無害な用途に使われるのである。ちなみに英語の「妻」を意味するwifeは、語源的には「織り手（weaver）」から、また「娘」daughterは「乳搾り（duhitar, milkmaid）」に由来する。漢字の「婦」の場合も、それと同じような家庭的な観念を表す字であるのだ。

ドイツ皇帝が、女性の活動範囲は「台所」、「教会」、「子ども」にあり、と言ったとのことだが、武士道における理想の女性像は、別にこの三つに限定しないまでも、ごく家庭的なものであった。

家庭的であることと男勝りであることという矛盾して見えるものが、武士道においては両立するのである。そのあたりをこれから見てみよう。

武芸でわが身の尊厳を守る

武士道は本来、男性のために作られた教えであるから、その武士道において貴ぶ女性の美徳も、当然、女性特有のものから懸け離れていた。

ヴィンケルマン（ドイツの美術史家）は、「ギリシャ芸術の最高の美は、女性的というより男性的なものにある」と述べている。

レッキーはこれに加えて、「芸術同様のことがギリシャ人の道徳的観念についても言える」と述べている。

武士道も同様に、「女性の有するか弱さから脱け出し、男性の中でも最も強く、勇敢な者にも負けぬ、雄々しい不屈の精神を示す」女性を賞賛した。

したがって、若い娘は、感情を抑制し、神経を強くすることを教え込まれた。また、武器の使い方、中でも薙刀《なぎなた》の訓練を受けたが、不慮の事態に自分を守れるようにするのがその目的であった。

この種の武芸練習の主な目的は、戦場において用いるためではなかったのである。その目的は二つあり、一つは本人のため、もう一つは家庭のためであった。守るべき主君を持たない女性は、自分を守るための術を身につけたのだ。女性は夫たちが主君の身を守るのと同じ熱意で、武芸でわが身の尊厳を守ったのである。

実際に使用することはめったになかったにせよ、剣術やそれに似た訓練は、日常生活で、座っていることの多い女性の健康のバランスをとる効用もあった。

だが、これらの訓練は、単に保健上の目的からだけ行われたものではなく、有事の際には実際に役立ったのである。

薙刀

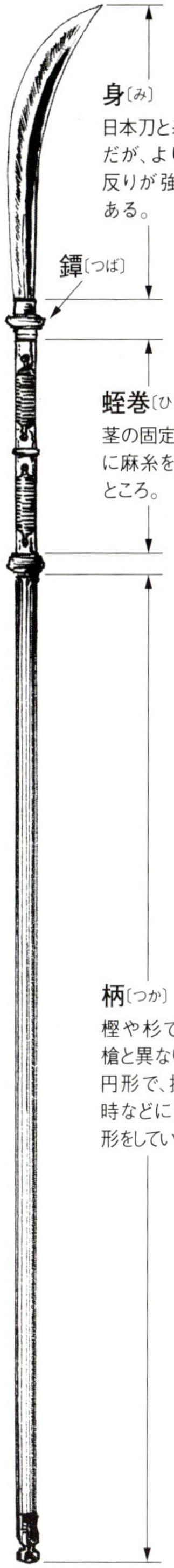
身〔み〕
日本刀と基本は同じだが、より幅が広く反りが強いものもある。
鐔〔つば〕
蛭巻〔ひるまき〕
茎の固定と滑り止めに麻糸を固く巻いたところ。
柄〔つか〕
樫や杉で作られる。槍と異なり断面は楕円形で、振り下ろす時などに強く握れる形をしている。
石突〔いしづき〕
地面に接する部分の補強具。突いたりする攻撃部でもあるため、頑丈で鋭利な形をしたものが多い。

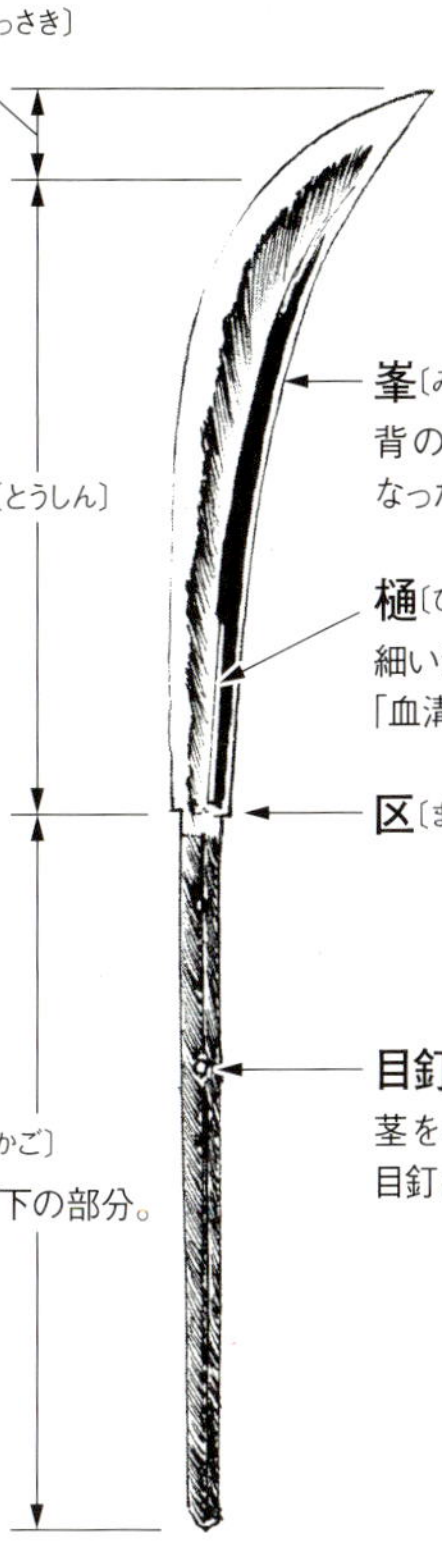
鋒〔きっさき〕
刀身〔とうしん〕
峯〔みね〕
背の部分。両刃になったものもある。
樋〔ひ〕
細い溝が切ってあり、「血溝」ともいわれる。
区〔まち〕
目釘穴〔めくぎあな〕
茎を柄に固定する目釘を通す穴。
茎〔なかご〕
区より下の部分。

「懐剣」を与えられた少女たち

少女は成年に達すると「懐剣《かいけん》」を与えられた。懐剣は、襲われた際に相手の胸を突き、場合によっては自分自身の胸に向かう。使用された実例では、後者のケースのほうが多かった。しかしこのことで、彼女たちを厳しく裁こうとは思わない。

自殺を嫌悪するキリスト教的な良心も、純潔を守り、神の教えに忠実であろうとして自殺したペラギアとドミニナという二人の少女を聖人の列に加えていることからすれば、日本の女性たちに対して、厳しい非難は向けられまい。ローマの少女ヴァージニアは、独裁者に犯されそうになった時、彼女を守ろうとした己の父に刺されて死んだが、日本では自分の貞操の危機に際し、父の剣を待つまでもなかった。懐剣は常に彼女たちの懐中に忍ばせてあったからだ。

自害の方法を知らないことは彼女たちにとって、恥であった。解剖学は習わなくても、正確に、喉《のど》のどこを突くべきかを知っておく必要があった。また、腰ひもで両膝をしっかりと結ぶことも知っておく必要があった。どんなに死に際が苦しくても、四肢を乱さず、慎み深い姿勢のまま死ねるようにするためであった。

日常の立ち居振る舞いを優雅にする芸事

女性には芸事を身につけることや、生活上のしとやかさが求められた。歌舞音曲、文学の嗜《たしな》みもおろそかにはできなかった。わが国文学上の最も優れた詩歌の中には、女性の感情を吐露《とろ》したものもある。実際、女性は、日本文学史上重要な役割を果たしてきた。舞踊が教えられたのは、主として日常の立ち居振る舞いを優雅にするためであり（武士の娘のことであって、芸者のことではない）、音曲は父親や夫の疲れを癒すためのものであった。したがって音曲を習うのは、テクニックや芸そのもののためではなかった。究極の目的は、心の浄化にあったのである。演ずる者の心の調和が取れていなければ、音も自ずと整わないとされた。

前に、青年武士の教育において見られる考え方、すなわち芸事は常に道徳的価値で評価されることを述べたが、ここにおいても同じ考えが見られる。歌舞音曲は、日常の生活に優雅さや明るさをもたらせばそれで十分であり、見栄や贅沢のためのものではなかった。

ペルシャの王子がロンドンで舞踏会に案内され、ダンスに加わるよう誘われた時、「わが国では、この種のことをするためには特別の女性を用意する」と憮然《ぶぜん》として言ったというが、私はこの王子に同情するものである。

わが国の女性の芸事も、他人に見せるためのものでも、世に出るためのものでもない。専《もっぱ》ら家庭における娯楽であって、もし社交の席で見せるとすれば、それはその家の主婦の務めとしてであった。言い換えれば、客を歓待する方法の一つだったのである。

客を歓待する一方法
日常生活に優雅さや明るさをもたらすため
芸そのものではなく心の浄化のため
歌舞音曲

昔の女性は強かった。現代の女性も別の意味で強いけどのお……

懐剣

25cmくらい

喉を突く
乱れないように膝をひもで結ぶ

家を治める

家を治めることが、彼女らへの教育の指導理念であった。かつての日本における女性教育は、文武を問わず主として家庭のためであったと言ってもいいだろう。

いかに遠く離れていても、脳裏《のうり》には家のことが常にあった。彼女らは家の名誉と品位を保つために、辛い仕事にも耐え、生命を犠牲にしたのだった。日夜、強くも優しくもあり、また勇ましく物悲しくもある調子で、彼女たちの小さな巣に向かって歌い続けたのである。

娘としては父のために、妻としては夫のために、母としては息子のために、女性たちは自分を犠牲にした。

彼女らはこのように、幼い時から自分の欲望を抑えることを教えられたために、その人生は独立したものではなく、人に依存し、奉仕するものであった。その存在が夫の役に立てば一緒に舞台に立ち、夫の邪魔になれば幕の後ろに退くということである。

たとえば、若者が乙女に恋をする。乙女も若者に同じ熱い愛で応える。乙女はそのうちに、若者が自分に気を取られるあまり務めを怠っているのに気づく。乙女は自分の魅力を削ぐために自らその美貌を傷つける。このようなことが稀ではなかった。

武家の娘たちの鑑とされた「吾妻《あづま》」は、夫の失脚を企む男に横恋慕される。彼女は不倫になびくと見せかけて、暗闇にまぎれて夫の身代わりとなり、自分に恋するその男の刃を自らの貞節な首に受けて殺されるのであった。

「内助の功」

女性が夫、家、家族のためにわが身を捨てるのは、男が主君と国のために身を捨てるのと同様に自ら進んで行われ、かつ名誉なこととされた。

己を空しくすることが――人生の謎はこれがなければ説明がつかないものだが――男の忠誠の基調であったが、女性の場合も家を守るにあたっての基調となるものであった。男性が君主の奴隷ではなかったのと同様に、女性も男性の奴隷ではなかったのである。そして彼女らの果たした役割は「内助の功」と呼ばれた。女性は男性のために自己を捨て、その男性は主君のために自己を捨て、そして主君もまた天に従うという具合に、奉仕の階段を登るようなものであった。

こうした教訓に欠陥があることはわかっている。キリスト教が優れているところは、生きとし生ける者は皆それぞれが創造主に直接義務を負っている、とする点にあることも理解している。

それにも関わらず、奉仕の精神に関するかぎり、武士道は永遠の真理に基づいていたといえる。なぜなら、彼らの奉仕の精神は、自己を犠牲にしても、より高い目的に奉仕することであり、これはまさにキリストの説く中で最大の教えであり、キリストの使命の基本を成すものであるからだ。

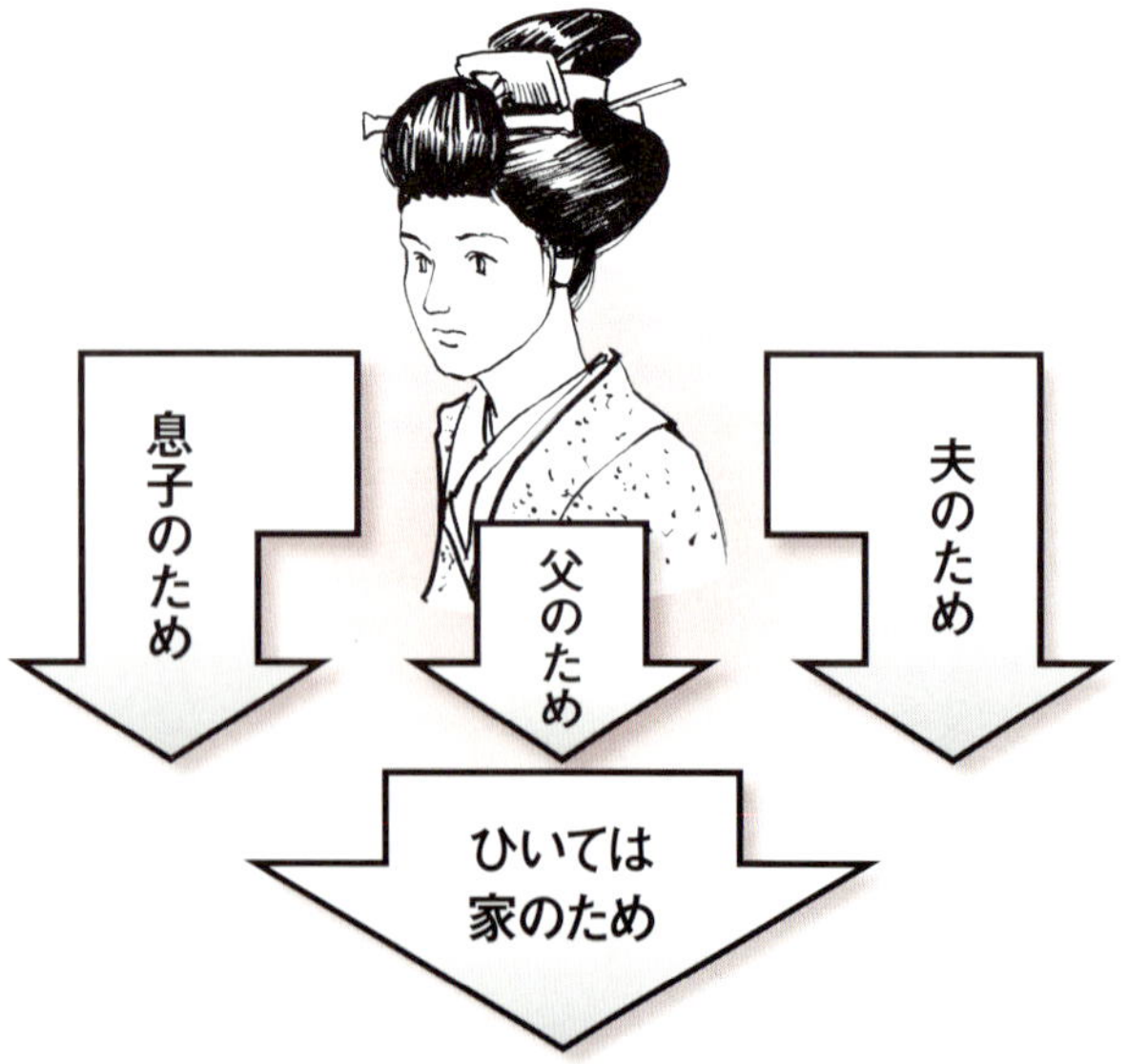
夫のため
父のため
息子のため
ひいては
家のため

同じピーク
キリスト教信徒
自己を犠牲にしても
高い目的を目指す
武士の妻

◆武士の妻が夫に宛てた遺書

次の手紙は大坂夏の陣で、豊臣方で戦った若き大名・木村重成の妻が自刃《じじん》する前に夫宛に書いた遺書である。読めばなんの注釈もいるまい。

「このたびのことはもはや止めがたく、事はすべて謀られたとおり進むと伺いました。

知らぬ同士が一本の樹に雨を避けるのも、同じ河の水を飲むのも前世からの因縁と申します。ましてや一昨年、偕老洞穴《かいろうどうけつ》の契りを結んで以来、貴方様とは互いに想い合い、ひたすら影が形に添うごとく過ごしてまいりました。

このたびの合戦では、貴方様は討ち死にのお覚悟と伺います。聞くところでは、漢の項羽は勇猛な戦士でありながら、虞美人《ぐびじん》に後ろ髪を引かれて戦いに不覚をとり、勇ましき木曾義仲もまた、心弱くも松殿の局との別れを惜しんで事に不覚をとったと伺っております。

この世に望みもなくなったわたしは、これ以上生きて貴方様の心の災いになりたくはございません。生きる者すべてがいつかはたどる途で貴方様をお待ちしております。どうか決して決して秀頼様より蒙った重いご恩をお忘れくださいませぬよう。秀頼様のご恩は海より深く、山より高うございます」

自己犠牲の精神

私を、意思選択の自由を奴隷的に放棄することに賛成する不当な偏見の持ち主である、などと非難しないでもらいたい。私は、学識広く、思慮深いドイツの哲学者ヘーゲルの提唱し、擁護した、「歴史は自由が展開し、実現したものである」との説におおむね賛成している。

ただ、ここで指摘しておきたいのは、武士道の教えはすべて、自己犠牲の精神で満たされており、女性だけでなく、男性にもそれは求められた、ということである。

したがって、武士道の影響が全く消えるまでは、アメリカの女権拡張論者が、「日本の女性たちよ。旧来の習慣に反抗して立ち上がれ!」と叫んだ軽薄な見解を、わが社会は受け入れることはあるまい。そのような反抗は成功するだろうか? それによって女性の地位は改善されるのか。そのような手軽な運動で獲得した権利が、日本の女性たちが受け継いできた伝統的な優しい気質や、しとやかな振る舞いを失うことと、引き合うものなのだろうか。

ローマの人妻たちが家庭のことを顧みなくなってから、口に出すのもはばかられるモラルの退廃が起こったのではなかったのか。アメリカの改革論者は、日本の女性たちが反乱することが、彼女らの歴史的進歩のためにとるべき正しい道だと、保証できるのであろうか。

私は真剣に問うている。変化というものは、反乱がなくても起こらなければならぬし、またやって来るものではないのか。

女性の地位

さて、ここで少し、武士道が支配していた時代に、女性の地位が反乱を正当化するほど、ひどいものであったかどうかを見てみよう。

ヨーロッパの騎士道が、「神と淑女」に捧げた表面的な尊敬については、しばしば耳にする。だが、この神と淑女の二語の間にある不調和が、イギリスの歴史家ギボンの顔を赤らめさせた。また、同じくイギリスの歴史家ハーラムは、騎士道の道徳は下品であり、女性に対する慇懃《いんぎん》な言動は不倫の愛を暗示する、と述べている。

哲学者にとっても、騎士道がか弱い女性に与えた影響は、思索のテーマとなった。

フランスの歴史家ギゾーは、封建制度と騎士道は後世に健全な影響を残したと言っている。

その一方でスペンサーは、軍事社会(封建社会はすべて軍事的である)においては、女性の地位は必然的に低く、産業社会に近づく時にのみ改善されると言っている。

日本の場合、二人の説のどちらが当てはまるのだろうか。私は、この問題についてはどちらも正しいと断言してもよい。

日本の軍事社会は武士階級だけであり、その数は約二〇〇万人であった。その上に「武家貴族」である大名と「宮廷貴族」である公家がいたが、これらの身分の高い有閑貴族は、名前だけの武人であった。

武士の下には、一般庶民、すなわち、農・工・商がおり、平和な仕事に従事したのである。

このように見てみると、スペンサーが言う「軍事社会」の特徴として説いているものは、日本の場合、専ら武士階級に限られたものと言えよう。一方「産業社会」の特徴はこの階級の上と下の層にあてはまるのである。

このことは女性の地位によく表れている。なぜなら武士階級の女性ほど、自由を享受《きょうじゅ》できなかった人々はいなかったからだ。奇妙なことだが、社会的身分が低くなるほど、夫と妻の地位はより平等になった。たとえば職人の社会がそうであった。

一方で身分の高い貴族の場合も、両性の地位の差はそれほど著しくない。これは有閑階級であった貴族が、文字通り女性化しており、性による差異を目立たせる機会がほとんどなかったことによる。

かくしてスペンサーの説は、古き日本においては、十分例証できる。一方、ギゾー説については、彼が封建社会について述べたのを読んだ人は、その考察が身分の高い人々について行われていることに思い当たると思う。こうして見ると日本の場合、彼の説は「大名」と「公家」に適応することがわかる。

貴族
貴族などの有閑階級では、男性は女性化し、性による差異はほとんどなかった
武士
日本女性が受け継いできた伝統的な優しい気質や、しとやかな振る舞いは封建社会において武士道によって涵養された
武家の女性ほど自由を享受できない人々はいなかった
武士道の教えはすべて、自己犠牲の精神で満たされている
男性にも女性にもそれは求められた
町民・農民
社会的身分が低くなるほど、夫と妻の地位は平等になった

女性の地位は低かったか!?

私の述べたことが、武士道のもとでは、女性の地位は非常に低かった、という意味にとられたとしたら、歴史的事実を著しく歪めたことになる。

私は女性が男性と同じようには扱われなかった、と述べることを別に躊躇はしない。しかし、差異がある、ということと不平等だということの違いをまず学ばなければならない。そうでなければ、この問題については常に誤解が付きまとうことになる。

たとえば、男性の間でも、平等であるのは、法廷とか投票の場合などきわめて限られた場合にすぎない。それなのに、男女の平等についてあえて論じても無駄なことのように思えてくる。

アメリカの独立宣言が、人は生まれながらにして平等だと言う時、それは人間の知的、肉体的能力について述べたのではない。それは単に、昔、ローマの法律家ウルピアヌスが「法の前では人はすべて平等である」と言ったことを繰り返しているにすぎないのである。この場合、法律的権利が平等の尺度であった。

もし女性の社会的地位を測るとき、法律が唯一の尺度であれば、女性の地位がどの辺にあるかを説明するのは、女性の体重を何キロ何グラムであると言うのと同じくらいやさしいことである。

人間に内在する本質的価値

しかし、男女の相対的な社会的地位を比較するのに、正しい基準はあるのか、ということが実は問題なのである。さらに、銀の価値を金の価値と比較するように、女性の地位を男性の地位とくらべ、その比率を数量的に計算することは、正しいことであろうか。そしてまた、それだけで十分なのであろうか。

そのような計算方法は、人間に備わっている最も大切な価値、すなわち人間に内在する本質的価値を考慮していない。

男女それぞれが、この世で果たすべき役割に必要なものは、非常に多岐にわたり、男女の相対的地位を測る際の基準は、複合的な性格のものであることが必要である。経済用語を借りるなら、多元的本位でなければならない。

武士道はそれ自身の規準を持っており、それは二項式で成るものである。つまり、女性の価値を戦場と家庭と両方で量ろうとしたのだ。

戦場では女性はほとんど評価されず、家庭では評価は完全であった。女性に与えられた処遇はこの二重の尺度に応じたものであったのだ。

すなわち、女性は社会的あるいは政治的場面においては重要ではないが、妻としてあるいは母として最高の尊敬と深い愛情を受けたのである。

ローマ人のように軍事的国民の中で、なぜ既婚婦人たちがあれほど敬愛されたのか。それは、彼女たちがまさしく母親であったからではないか。男性は女性を戦士あるいは政治家としてではなく、自分たちの母親として、その前に頭を下げたのであった。

日本人もまたそうである。

父親や夫が戦場や宿営地にいる間、家庭内の取りしきりは、すべて母親や妻の手にゆだねられた。子どもの教育も、子どもを守ることさえも、彼女たちに託された。さきに述べた女性の実戦もどきの武芸の修練は、元来子どもの教育を賢明に実行していくためのものでもあったのである。

男の地位
社会的・政治的
軍事的役割
女の地位
家庭的
教育的役割
尊敬
尊敬
両親を
尊敬

◆自分の妻を貶めるのは、自分自身を貶めること

日本人について生半可な知識しかない外国人の間で、つまらない考え方が広がっているのに気がついた。それは、一般的に日本語で妻のことを「愚妻」などと言うのは、彼女らを軽蔑しており、尊敬の念がないからではないか、というものである。しかし、「愚父」、「豚児」「拙者」などという表現も日常使われていることを思えば、答えはきわめて明快であろう。

わが国民の結婚観は、ある意味、いわゆるキリスト教徒よりも進んでいると思われる。

聖書はたしかに「二人は一体となる。だから二人はもはや別々ではなく、一体である」と言っている。だが、アングロ・サクソン流の個人主義は、夫と妻が、二人の別個の人間である、という観念から、脱することができない。だから、二人が争っている時は、二つ別々の権利を主張し合い、争わぬ時は、あらゆる種類の馬鹿げた愛称や、どうでもよい甘い囁きのために言葉を動員する。われわれにとっては、夫ないし妻が第三者に、その半身（善し悪しは別にして）、つまり伴侶のことを愛らしいとか、賢いだとか、気立てが良いなどと言うのは、分別のないことに思える。自身のことを「聡明な私」とか「愛らしい私」とか「私の気立てのよさ」などと言ったりするのが、よい趣味と言えるであろうか。

日本人は自分の妻のことを貶めるのは、自分自身を貶めることだと考えるのである。

そして、わが国民の間では自画自賛するのは、控えめに言ったとしても、趣味が良くないこととされているのである。

ゲルマン人は、女性に対する迷信的ともいうべき畏敬の念を持って種族生活を始めた（ただし、今のドイツ人の間では、このことは実際には消えつつある）。アメリカ人は、新大陸の植民地において、女性の数が絶対的に不足しているという悲痛な自覚のもとに、社会生活を始めた（今は女性の数は増えつつあるので、植民地時代の母親たちが享受した威光は急速に失われつつあるようだ）。

したがって欧米文明にあっては、男性が女性に払う尊敬心が道徳の第一基準となったのである。

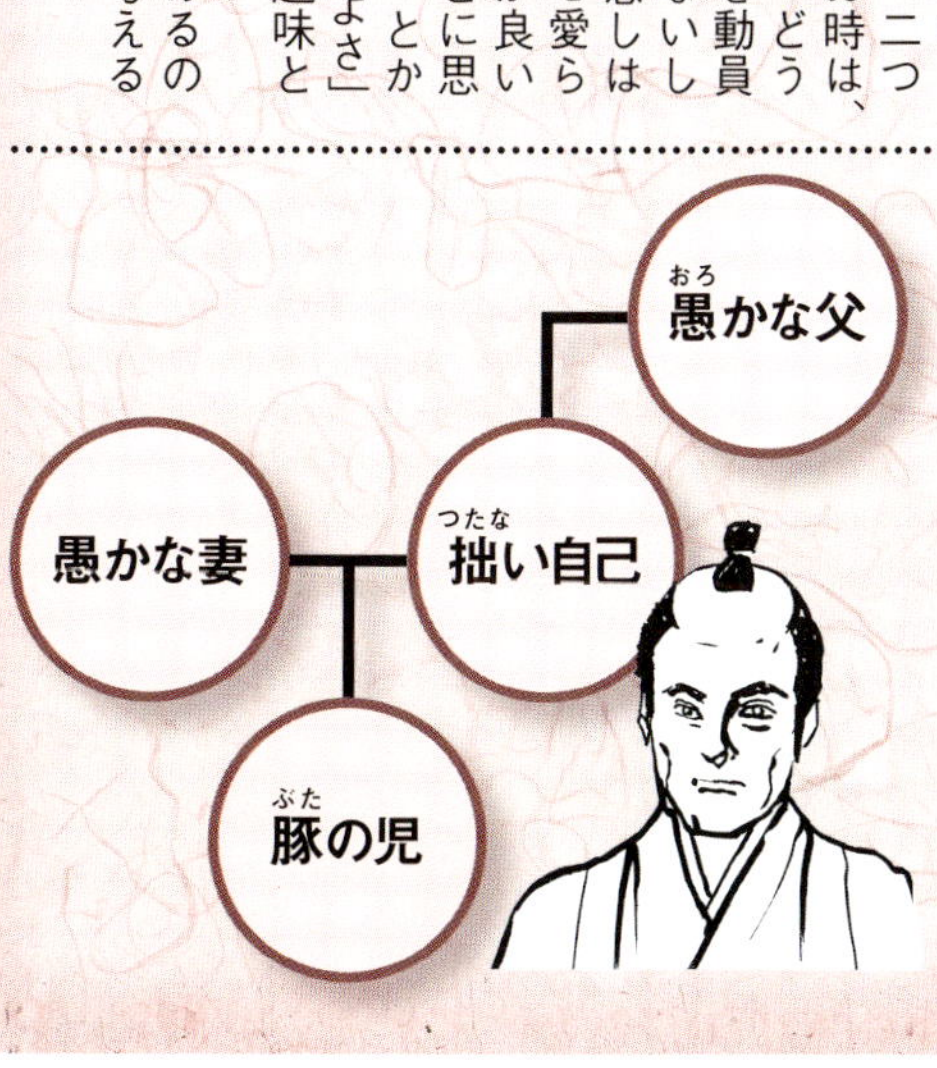
愚《おろ》かな父
愚かな妻
拙《つたな》い自己
豚《ぶた》の児

第一五章 武士道が与えた影響

気高い精神は伝染しやすいもの

武士道の道徳は、わが国の一般的な道徳水準よりはるかに抜きん出ている。しかしこれまで見てきたのは、その武士道という山脈の中でも、さらに抜きん出ているいくつかの峰にすぎない。

太陽が昇る時は、まず一番高い峰を赤紫に染め、それから段々と下の谷に光線が注がれる。

同じように、まず武士階級を照らした道徳体系に、時の経つうち、一般大衆の中からも、追随する者が出てきた。民主主義は優れた資質を持った者を指導者に育て、貴族主義は、君主にふさわしい気高い精神を人民に吹きこむ。

美徳は罪悪に劣らず伝染しやすいものである。

エマーソンは、「仲間の中に一人でも賢人がいればそれで十分だ。そうすれば、皆が賢くなる。伝染するのは、それほど速いのだ」と述べている。いかなる社会的階級も身分も、道徳の影響が広がっていく力には逆らえないのである。

過去の日本の形は、武士により作り上げられた。武士は民族の花であり、その根でもあった。天の恵み深い贈り物は、すべて彼らを通じてもたらされたのである。

彼らは社会的には、大衆から離れていようとしたけれども、大衆に対して道徳の基準を示し、自ら手本を示すことで彼らを導いたのだ。

武士道には、難解な教えと、通俗的なものとがあったことは、私も認めるところだ。前者は美徳それ自体の実現を目指して実行するものであり、後者が一般大衆の福祉と幸福に役立つものであった。

武勇談に耳を傾ける人々

大衆娯楽やそれを通じての訓育には、さまざまな方法があった。芝居、寄席《よせ》、講釈場、浄瑠璃《じょうるり》、小説などがそれである。この種のものの題材は武士の物語が中心だった。

農民はあばら家で囲炉裏を囲み、義経と弁慶の話、あるいは勇猛な曾我兄弟の敵討ちの物語を飽きもせず繰り返す。かたわらでは日焼けした腕白坊主が、ポッカリ口を開けたまま耳を傾け、囲炉裏の薪が燃え尽きても、今聞いた話で胸の中は燃え続けるのである。

商家では、番頭と小僧がその日の商いが終わり店の雨戸を閉めると、寄り集まって夜遅くまで信長や秀吉の話を物語り、眠りに落ちると店先のきつい仕事に代わって戦場の手柄の夢を見る。

ヨチヨチ歩きを始めたばかりの幼子は、桃太郎の鬼退治の物語を、回らぬ舌で話すことを覚える。

若い娘までもが、武士の勇敢な行為や徳行の話を吹き込まれ、その武勇談に真剣に耳を傾ける。その様子は夫オセロの戦話《いくさばなし》に貞淑に耳を傾ける妻デスデモナのような有り様であったのだ。

武士階級は次第に民族全体の理想の美となっていった。「花は桜木《さくらぎ》、人は武士」と民衆が唄った。武士は商業に従事することが禁じられていたから、直接商業を助けることはなかった。しかしおよそ人のする活動、人の思考で武士道からなんらかの影響を受けないものはなかったのである。

知的な、あるいは道徳的な日本というものは、直接的にも間接的にも武士道の所産であった。

日本の道徳は
武士道の所産
なのである。

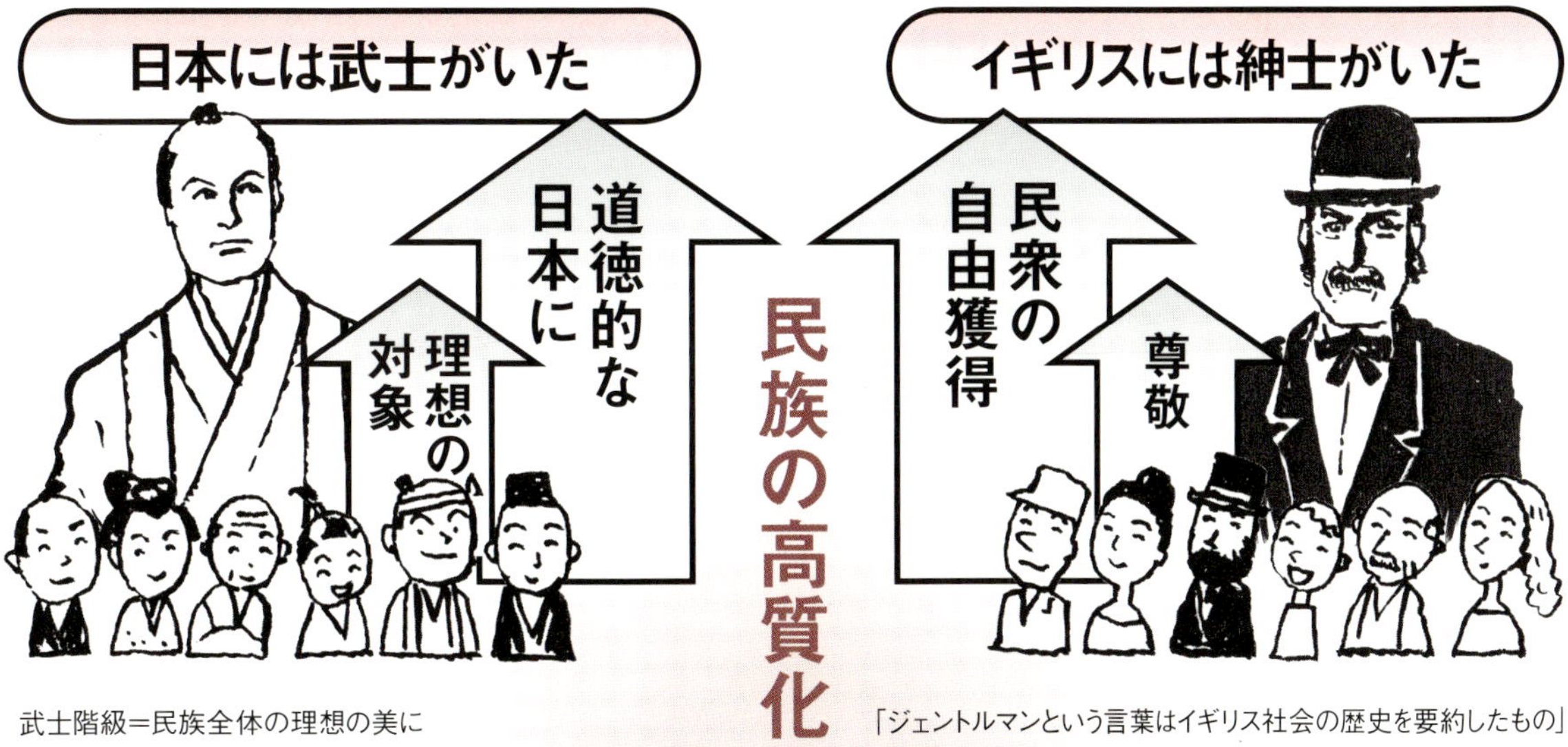
日本には武士がいた
イギリスには紳士がいた
道徳的な日本に
理想の対象
民族の高質化
民衆の自由獲得
尊敬

武士階級＝民族全体の理想の美に
武士道の所産＝知的な道徳的な日本をかたち作った

「ジェントルマンという言葉はイギリス社会の歴史を要約したもの」
……民族の自由獲得の多くは、郷士や紳士によって行われた

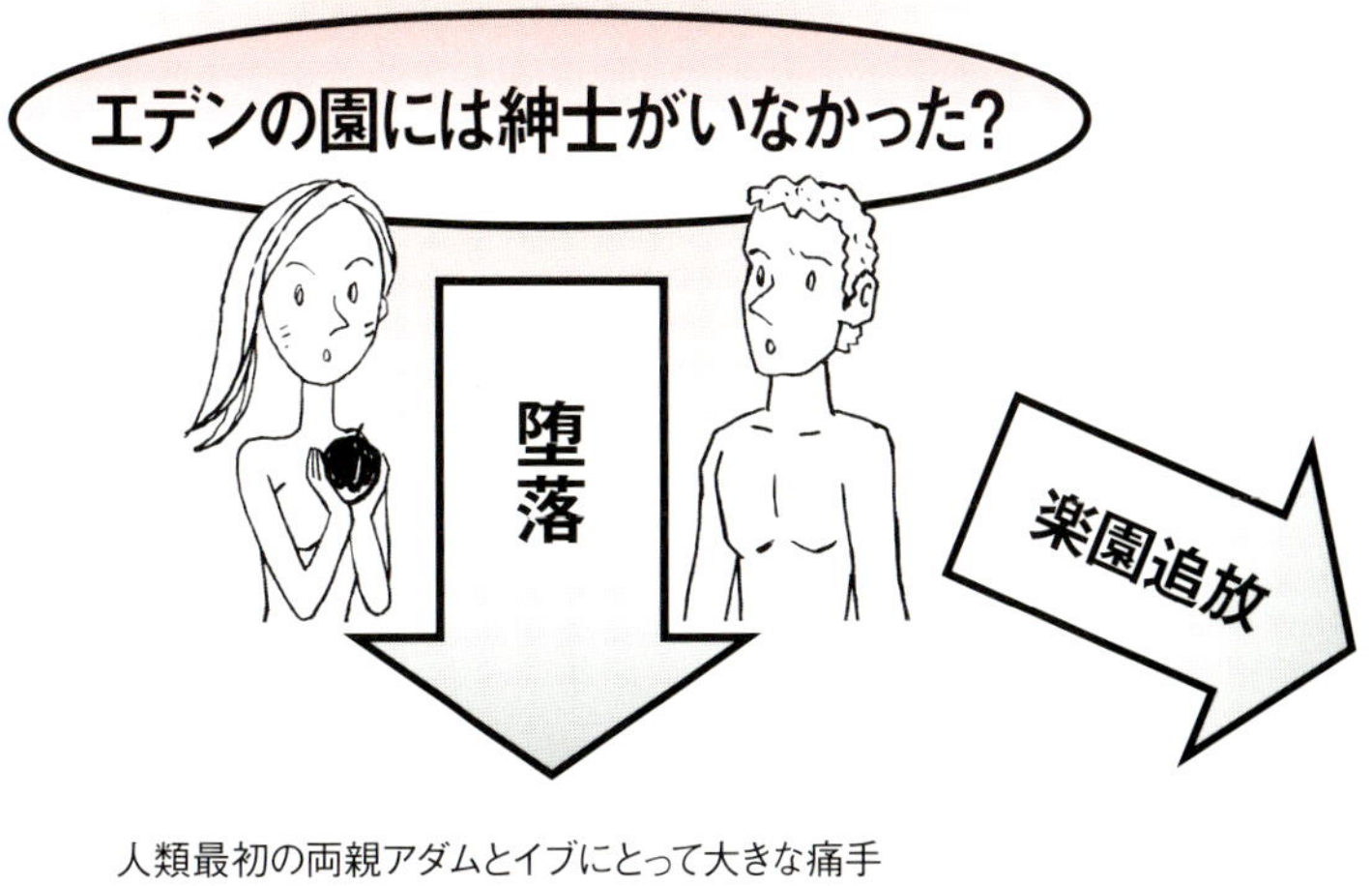
エデンの園には紳士がいなかった？
堕落
楽園追放

人類最初の両親アダムとイブにとって大きな痛手
堕落という高い代償と楽園追放というつらい経験をした

大衆を鼓舞する「大和魂」

イギリスの評論家マロックは、きわめて示唆に富むその著『貴族主義と進化』の中で、次のような説得力ある論を展開している。「生物学的進化は別として、社会的進化は傑出した人たちの意志が生んだ、無意識の結果ということができよう」。さらに、歴史の進展は、「社会一般における生存競争からではなく、社会の少数の人の間の、大衆を良い方向に導き、指図し、使用しようとする競争から生まれてくる」と述べている。

この説がどこまで正しいかは議論があるにせよ、武士がわが国の社会進歩に果たした役割に関する限り、この説は十分立証されていると言うことができる。

武士道はその源となった社会階級から、徐々に多種多様な広がりを見せ、大衆の間で酵母の役割を果たして、社会全体の道徳基準となっていった。それは、最初エリート階級の誇りとして始まり、時がたつにつれて一般大衆全体が熱望するものとなり、大衆を鼓舞するものとなったのである。そして、武士の高い道徳性には至らなかったとはいえ、ついに「大和魂」という言葉が、この島国の民族精神を表現するに至った。

もし宗教というものが、イギリスの詩人マシュー・アーノルドが定義するように「感情に影響された道徳」であるとするならば、武士道以上に宗教に列せられる資格のある道徳体系は稀であろう。

桜の花が日本人を晴朗にする

本居宣長《もとおりのりなが》が、「敷島《しきしま》の　大和心を　人問《ひとと》はば　朝日に匂ふ　山桜花」と詠んだ時、彼はわが国民の無言の思いを言葉で表現したのであった。

桜の花は古来わが国民の愛するものであり、われわれの国民性の象徴であった。右の歌において「朝日に匂ふ山桜花」という下の句の言葉に注意してほしい。

大和魂は鉢植えの、ヤワな木ではない。自然という意味では野生のものであり、わが国土に特有のものである。他国の花と性質がたまたま同じということがあるかもしれないが、本質において、あくまでわが風土に固有な自然に発生したものなのである。

しかし、わが国の産であること、それだけでわれわれがこの花を愛でてやまないのではない。

この花の、洗練された、優雅な美しさがわれわれの美的感覚に訴えるのであって、その点、他の花は比較にならない。

桜の花には、美しさに隠された剣や毒はない。時が来ればいつでも生命を捨てる。淡白な色彩。そのほのかな匂いはいつまでも飽きない。

太陽が東から昇り、まずこの極東の島国を照らし、桜の芳香が朝の空気をよみがえらせる時、この麗しい日の光の香りともいうべきものを胸に吸いこむことは、何にも増して日本人の気分を晴朗にし、活気付けてくれる。

＊

彼らがしばし仕事を忘れ、心の痛みを忘れても誰がとがめることができようか。つかの間の楽しみが終われば、新しい力と決意を持って日々の仕事に戻るのであるから。

桜の花が日本の花になったのには、このようにいくつもの理由があるのだ。

この桜の花は、いとおしくも散りやすく、風のままに吹き散り、ほのかに香りつつ永遠に消えてゆく花である。

この花が大和魂の典型であるのだろうか。日本の魂は、かくももろいものなのだろうか。次に、そのことについて考えよう。

1
武士階級に
確立した
武士道
2
一般大衆にも
その道徳観が
浸透
3
日本民族に
大和魂
がうまれる

桜を愛した大和魂

本居宣長

■本居宣長(1730〜1801)
江戸中期の国学者。王朝文学を研究、「もののあはれ」論を提唱。古代研究では35年をかけて『古事記伝』を著す。
儒学者・堀景山に入門…契中などを読み王朝文学を研究
賀茂真淵に入門…『古事記』研究
晩年…「遺言書」には自分の奥墓に山桜を植えるように指示

願わくは
花の下にて　春死なん
そのきさらぎの　望月のころ

西　行

身はたとひ
武蔵の野辺に　朽ちぬとも
留め置かまし　大和魂

吉田松陰

遺書「留魂録」の冒頭の歌

第一六章 武士道は今も生きているか

武士道は消滅してしまったのか?

西洋文明が全国に広まって、日本古来の規律は、跡形もなく払拭されてしまったのであろうか?

一国民の魂が、そんなにも早く消滅するものであれば、悲しむべきことである。外からの影響にそのように簡単に屈したのであれば、それは貧弱な取るに足りない魂だったに違いない。

国民性を構成するさまざまな心理的要素の集合体が、そう簡単にバラバラになるものではない。それはあたかも「魚のひれ、鳥のくちばし、肉食動物の歯のように、それ無しではその種が成り立たないような要素」なのである。

＊

アメリカの評論家ランサムは「今日、三つの別個の日本が並存している。まだ完全に廃れていない古い日本、精神面を除き他はまだ何も生まれたとは言えない日本、重大な試練に直面している過渡期の日本の三つである」と言っている。

ほとんどの点でこのことは事実であり、とくに具体的な諸制度についてはそのとおりである。しかし基本的な道徳観念については、このコメントにいくらか修正が必要である。

なぜなら古い日本を作り、またそこから生み出された武士道は、今でもなお過渡期の日本の規範となっている原理であり、かつ新しい時代の日本を形成する力になるであろうからである。

人々の思索と行動の原点に

幕末から明治維新の嵐の中で、わが国の舵取りをした偉大な政治家たちは、武士道以外の道徳的教義を知らぬ人たちであった。

良いほうにも悪いほうにもわれわれを駆り立てて来たのは、単純で無垢《むく》な武士道であった。

現代日本の建設者である佐久間象山、西郷隆盛、大久保利通、木戸孝允の伝記、さらには伊藤博文、大隈重信、板垣退助などの回顧録をひも解けば、彼らが武士道の教えを原動力にして思索し、行動したことがわかる。

イギリスのジャーナリスト ヘンリー・ノーマンは、極東事情を研究・観察して、日本が他の東洋の専制国家と異なる唯一の点は、「これまで人類が考え出した中で、最も厳しく、最も高尚で、かつ最も几帳面な名誉の掟が、国民の間に支配的な影響力を持っていることにある」と述べている。これは彼が、新しい日本の今日を作り、かつ将来の姿を作るバネとなるものについて語っている時の言葉なのである。

彼らは皆、武士道の教えを原動力にして考え行動したのです。

変貌する日本

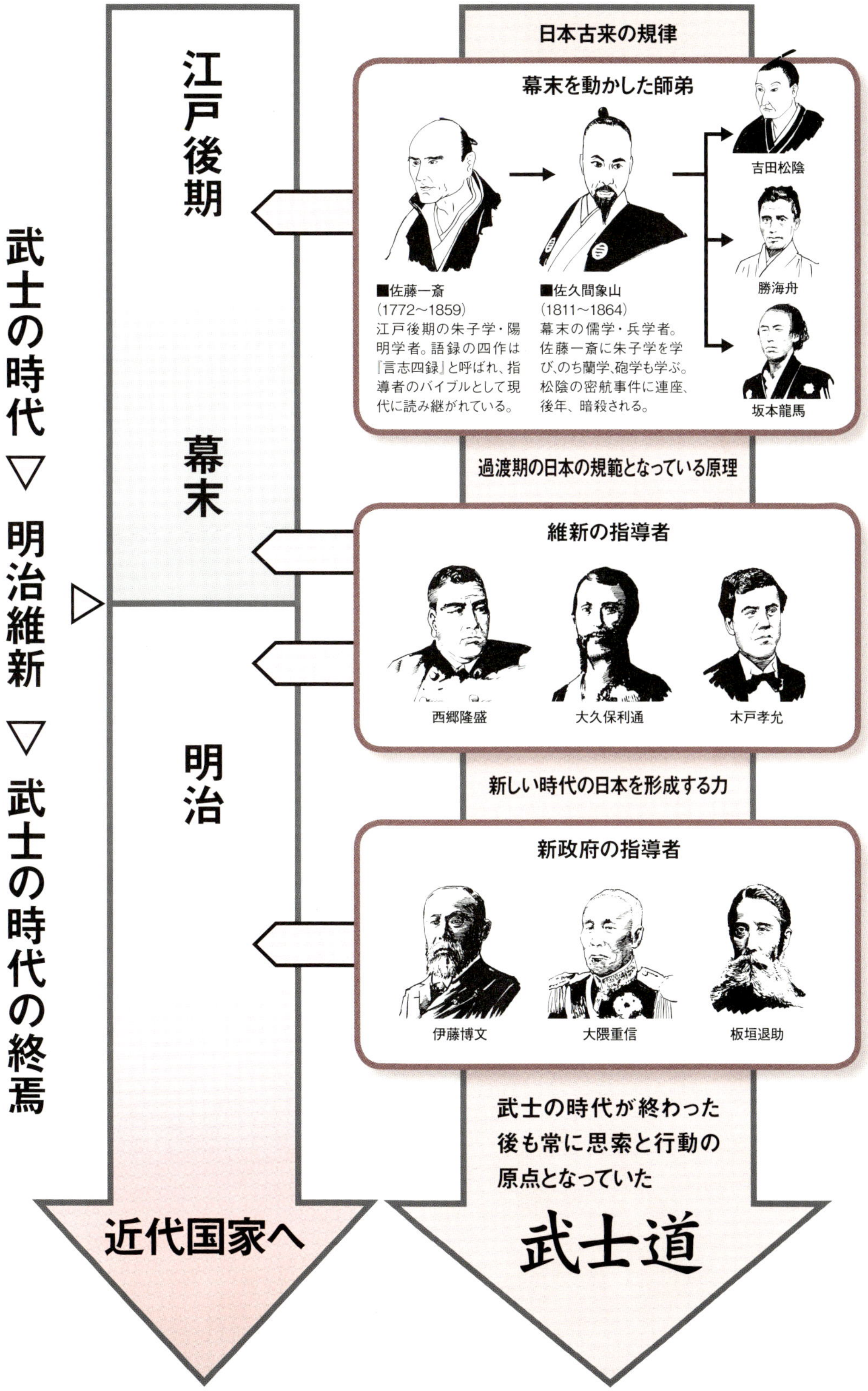
武士の時代
▽
明治維新
▽
武士の時代の終焉
江戸後期
幕末
明治
日本古来の規律
幕末を動かした師弟
■佐藤一斎
(1772〜1859)

江戸後期の朱子学・陽明学者。語録の四作は『言志四録』と呼ばれ、指導者のバイブルとして現代に読み継がれている。
■佐久間象山
(1811〜1864)
幕末の儒学・兵学者。佐藤一斎に朱子学を学び、のち蘭学、砲学も学ぶ。松陰の密航事件に連座、後年、暗殺される。
吉田松陰
勝海舟
坂本龍馬
過渡期の日本の規範となっている原理
維新の指導者
西郷隆盛
大久保利通
木戸孝允
新しい時代の日本を形成する力
新政府の指導者
伊藤博文
大隈重信
板垣退助
武士の時代が終わった後も常に思索と行動の原点となっていた
近代国家へ
武士道

日本に変化をもたらす武士道

日本が変わったということは、世界中どこから見ても歴然たる事実である。このような大事業には、当然さまざまな要因があったわけであるが、もしその中で主たるものを挙げよと言われれば、ためらわず武士道を挙げるであろう。

貿易のために国を開き、日常生活のあらゆる分野に最先端のものを採り入れ、西洋の政治経済を学び始めた時、われわれが目指したものは、物質的な資源の開発や、富の増大ではなかった。ましてや西洋の盲目的な模倣《もほう》でもなかった。

東洋の諸制度や人民を詳しく観察したイギリスの評論家タウンゼントは、次のように述べている。

「われわれは毎日のように、ヨーロッパがいかに日本に影響を与えたか、ということを聞かされ、この島国の変化がまったく自発的なものだということを忘れている。ヨーロッパ人が日本を教えたのではなく、日本が自ら、ヨーロッパの行政組織や軍事組織を学んだのだ。かつ、それはこれまでのところ成功している。何年も前、トルコがヨーロッパから大砲を輸入したのと同じように、日本はヨーロッパの機械工学を輸入した。これは、影響を与えたというのとは少し違うのである。イギリスが、お茶を中国から輸入したからと言って、中国に影響されているとは言わないのと同じである。日本を改造したヨーロッパの伝道師、哲学者、政治家、あるいは扇動家などいったいどこにいようか？」

タウンゼントは、日本に変化をもたらした原動力は、すべて日本人自身の中にあったことをよく見抜いていた。もし彼が日本人の心情まで詳しく調べてさえいれば、その鋭い観察力により、それが武士道に他ならないことに容易に気付いたことだろう。

劣等国と見られることは耐えがたい、という名誉心が動機の中でも最大のものであった。財政や産業の振興を図ることは、変革の過程で後になって気が付いたことであった。

武士道の影響が今日でも明白であることは、誰にでも容易にわかる。それは、日本人の生活を一瞥《いちべつ》するだけで明らかになる。日本人の心を最もうまく、かつ忠実に外国に紹介した小泉八雲の作品を読んでみるとよい。そこに描かれた日本人の心情は、武士道の心情そのものだということがわかるだろう。人々が誰でも礼儀正しいことは改

全て日本人自身で建てます!
洋式
政治経済国家
手伝いましょうか?

めて紹介するまでもないが、これは武士道の遺産である。

知恵の言葉を常食に生きる

われわれは深遠な哲学を持たない。若い人たちはすでに科学研究の分野では、国際的名声を博している者もいるというのに、哲学の分野では誰も貢献を成していない。これは武士道における教育の分野で、形而上の学問が重視されなかったためである。

日本人が、過度に感情的に敏感で激しやすいのは、われわれの持つ名誉心のせいである。

また、時に外国人に、日本人がうぬぼれているように映るなら、これもまた名誉心の病的な行き過ぎから来るものである。

*

日本を旅すると、ボサボサの髪にヨレヨレの服、手に大きな杖か本を持ち、通りを世俗的なことにはまったく無関心な風情で歩いている若者に出会わなかっただろうか？

彼は書生であり、彼にとって地球は小さ過ぎ、天も高くない。彼は、自分なりの宇宙感、人生観を持っていて、空中の楼閣《ろうかく》に住み、優美な知恵の言葉を常食として生きている。眼には野心の火が光り、心は知識を渇望《かつぼう》している。貧窮は彼を前進させる刺激にしかならず、世俗的な財産は、彼にとっては品性に対する足枷《あしかせ》に思えるのである。

彼の頭は、忠君愛国で固まり、彼らの長所も欠点もすべて武士道の最後に残ったかけらである。

武士道に基づいた日本という国は、外国人に鮮烈な印象を与えたようですな。

ラフカディオ・ハーン

アーネスト・サトウ

◆日本に滞在した外国人の観察

ルイス・フロイス（イエズス会宣教師／戦国末期）
→『日本史』執筆

ケンペル（オランダ商館付医官／江戸中期）
→『日本誌』執筆

オールコック（初代駐日イギリス公使／幕末）
→『大君の都』執筆

アーネスト・サトウ（イギリスの外交官／幕末）
→『一外交官の見た明治維新』執筆

ヒュースケン（アメリカ公使館付通訳／幕末）
→『日本日記』執筆

ラフカディオ・ハーン（小泉八雲）（アイルランドの文筆家／明治）
→『骨董』『怪談』などを執筆
小泉八雲の作品に見られる日本人の心情は武士道の心情そのもの。

第一七章 武士道の将来

われわれに求められている使命

名誉という岩の上に築かれ、同じく名誉で防備された国家は、――これを名誉国家と呼ぶべきか、カーライル風に英雄国家と言うべきか――屁理屈という武器で武装した法律家のこじつけや、政治家の戯言の前に、みるみるうちに陥落しようとしている。

ある偉大な思想家が、イギリスの詩人バイロンの作品に出てくるテレサ、古代ギリシャのソフォクレス作中のアンティゴネを例に、「彼女らの壮烈な行為を生み出した環境は、永遠になくなった」と述べているが、同様のことが武士についても言えるのかもしれない。

もし歴史がわれわれに何かを教えてくれるとすれば、武勇の精神の下に築かれた国家、たとえばスパルタのような都市国家、あるいはローマのような帝国は地上では決して永遠たりえないということである。

人間の闘争本能というものは、いかに普遍的で、かつ自然なものであっても、またそれが、いかに高貴な感情や男らしい美徳をもたらしたにせよ、それだけが人間性のすべてではない。闘いの本能の下に、もっと神聖な本能が潜んでいる。すなわち愛である。

神道や孟子が、明確にそれを教えていることはすでに述べた。しかし武士道などの武にまつわる倫理観は、目前の実際的な問題の処理に没頭するあまり、愛の部分を重視することを、忘れ過ぎていたのは確かである。

近年、人の生活の幅が広がってきつつある。そこでは武士階級に要求されたものより、高貴でかつ幅広い使命がわれわれに求められている。

人生観の拡がり、民主主義の進展、海外の人や国についての知識の拡大とともに、孔子の言う仁の観念、それにおそらくは仏陀の慈悲の思想もが、キリスト教の愛の観念へと発展していくだろう。

人はもはや臣民という身分を超え、市民という存在へ発達した。いや、市民も超え、人たる存在になったのである。

武士道の死について

今、日本にはその水平線上に戦雲が低く立ちこめているが、平和の天使の翼がこれを払ってくれるものと思う。世界の歴史は「柔和な人たちは幸いである、彼らは地を受け継ぐであろう」というキリストの言葉を裏付けているのだ。産業振興国の最前線にいるのに、平和という生得《しょうとく》の権利を売り渡し、侵略国の列に加わるような国は、まったく愚かきわまる取引をしているのだ！

社会の状況が大きく変わり、武士道に反対するだけでなく、敵意を抱くようになってしまった今日は、武士道にとって名誉ある埋葬の準備を始めるべき時である。

騎士道がいつ死んだのかは、それがいつ始まったのかを言うのと同じように難しい。ミラー博士は、騎士道は一五五九年、フランス国王アンリ二世が馬上試合で死んだ時に、形式の上では棄てられたという。

　わが国の場合、一八七一年、公式に廃藩置県を宣言した詔勅《しょうちょく》が、武士道の死を予告する合図となった。さらにその五年後に出された廃刀令は、かつての「代償なしで手にした人生の恩恵、廉価《れんか》な国防、男らしい心情と英雄的な冒険心」を退出させ、代わって「詭弁を弄する者、経済家、計算高い者」を招き入れる合図の鐘となった。

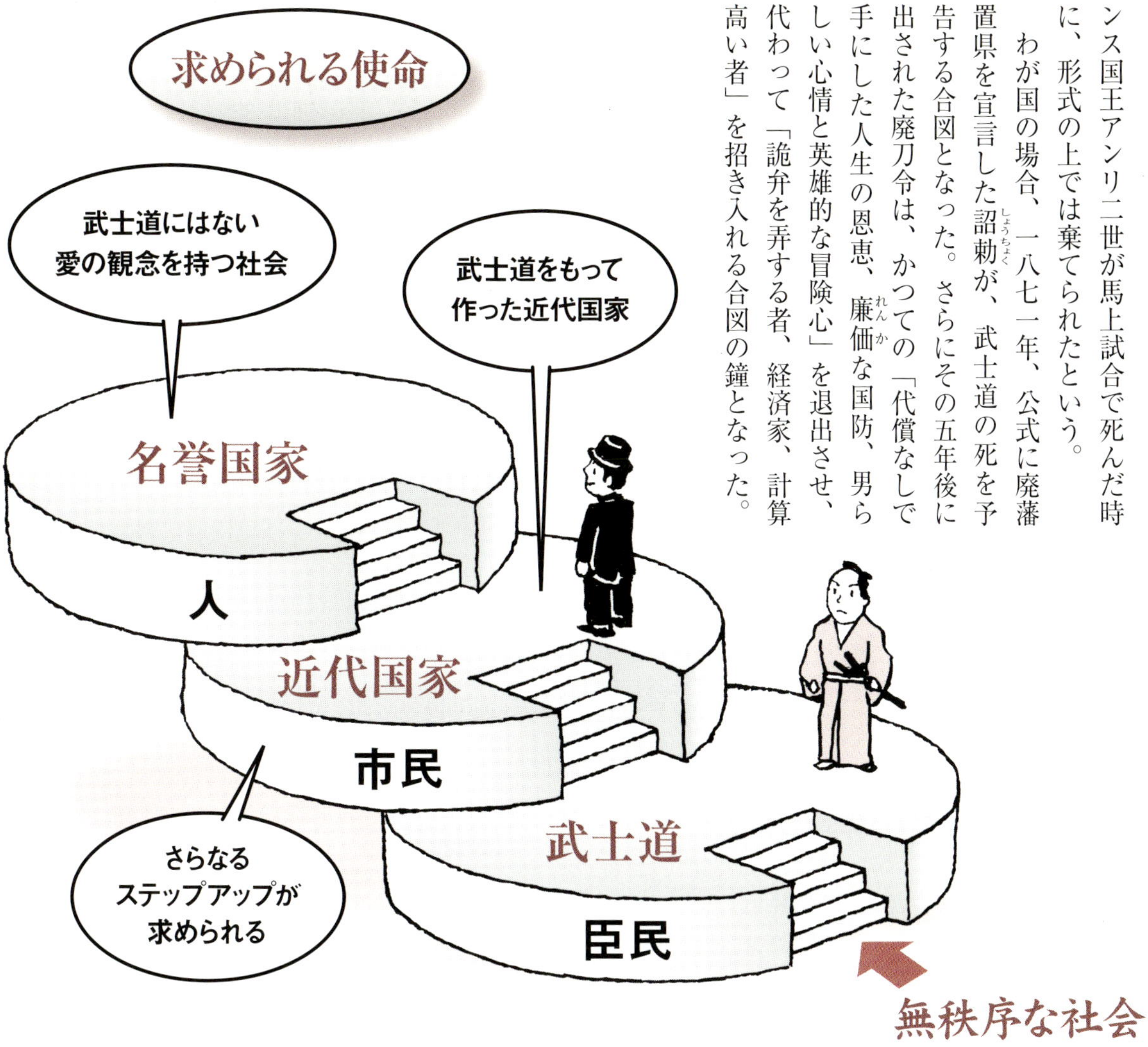
求められる使命
武士道にはない
愛の観念を持つ社会
武士道をもって
作った近代国家
名誉国家
人
近代国家
市民
武士道
臣民
さらなる
ステップアップが
求められる
無秩序な社会

武士道の死
廃藩置県
廃刀令
知識の拡大
民主主義の進展
武士道への反対
社会の変化

自らの灰からのみ、立ち上がる

最も進んだ思想を持つ日本人であっても、一皮剥《む》いて見れば武士の姿が表れる。名誉心、勇気、その他すべての武徳の偉大な遺産は、クラム教授がいかにも適切に表現したごとく、「われわれに託された財産に過ぎず、祖先ならびに子孫のものであり、他の誰にも譲ることはできないもの」である。

現在が命ずるところは、この遺産を守ることであり、古来の精神のひとかけらも損なわないことである。

未来が命ずるところは、その範囲を拡大して、世の中のあらゆる場面、関係に、これを適用することである。

封建時代の道徳体系は、その時代の城や武器庫のように粉々に砕けて塵《ちり》になるが、新しい道徳体系が、不死鳥のように興《おこ》り、新しい日本の発展を導いていくだろう、と言われていた。そしてこの予想の正しいことは過去半世紀の出来事によって裏付けられつつある。

そのような予想が実現することは、望ましく、かつそうなるであろうが、ここで忘れてはならないのは、不死鳥は、自らの灰からのみ立ち上がるのであり、渡り鳥でもなければ、借りた翼で飛ぶのでもないことである。

廃墟を超える

キリスト教と唯物論（功利主義を含む）は、――将来はこれがヘブライズムとヘレニズムというもっと古い形式に還元するのかもしれない――世界を二分するだろう。そしてこれより小さい道徳体系は、生き残るためには、このうちのどちらかと同盟することになるのだろう。

では武士道はどうなるのだろうか。

守るべき確固とした教義や信条を持たない武士道は、実体的には消え去る可能性がある。あたかも朝のそよ風がさっと吹くと散る桜の花びらのごとく。しかし、全滅してしまう運命にあるのではない。禁欲主義を唱えるストア哲学が消滅したと誰が言いえようか。それは体系としては消滅しても、美徳としては生き続けている。そのエネルギーと活力は、今も西洋諸国の哲学や文明国の法制度など、世の中のあらゆる所で感じることができるのである。

人が自己を高めようと必死の努力をする時、あるいは鍛錬により、精神が肉体を支配した時、常にストア派の始祖である古代ギリシャの哲学者ゼノンの不滅の教訓が作用しているのを見ることができるではないか。

武士道は一つの独立した道徳の掟としては消えゆくかもしれない。しかし、その力は地上から消えることはない。その武勇と公民の道義の体系は解体されるかもしれない。だが、その光とその栄光は、解体された廃墟を超えて生き長らえるであろう。そして、そのシンボルとする桜の花のごとく、風で四方に飛び散った後も、その香りで世の中を豊かにし、人類を祝福することであろう。

実体的には消え去っても美徳として生き続ける。
道徳の掟としての武士道は消えても、その力と
光と栄光は生き長らえる。
桜の花のごとく、風で飛び散った後も、香りで
世の中を豊かにし、人類を祝福するじゃろう。
武士道は不滅なのじゃ。

武士道から生まれた美徳は
桜の花びらのごとくわれわれの上に降りかかり、
いつまでもわれわれの心を
豊かにするであろう。

■著者略歴

新渡戸稲造（にとべ　いなぞう）

1862年岩手県生まれ。札幌農学校（現・北海道大学）に学ぶ。のちアメリカ、ドイツに留学し、経済、歴史、農政学などを研究。帰国後、札幌農学校教授、東京帝国大教授、東京女子大学長等を務め、1920年には国際連盟事務局次長に就任。著書『武士道』によって、日本人の精神・道徳のよりどころを海外に知らしめた。ほかに著書『修養』『西洋の事情と思想』など多数。

■参考文献

『石田梅岩全集』（石田梅岩／清文堂出版）、『大江戸復元図鑑　武士編』（笹間良彦／遊子館）、『大江戸万華鏡』（監修=牧野昇・会田雄次・大石慎三郎／農文協）、『孔子』（狩野直禎／学陽書房）、『西郷隆盛全集』（西郷隆盛／大和書房）、『先哲叢談』（原念斎／東洋文庫）、『竹中半兵衛のすべて』（池内昭一編／新人物往来社）、『茶の湯入門』（小西宗和／高橋書店）、『武将とその愛刀』（佐藤寒山／新人物往来社）、『武士道その名誉の掟』（笠谷和比古／教育出版）、『武士道の歴史』（高橋富雄／新人物往来社）、『武士の家訓』（桑田忠親／講談社学術文庫）、『武士の娘』（杉本鉞子／ちくま文庫）、『日本人の笑い』（森銑三ほか／講談社学術文庫）、『孟子』（安岡正篤／PHP研究所）、『ギリシア哲学者列伝』（ディオゲネス・ラエルティオス／岩波文庫）、『プラトン』（斎藤忍随／講談社学術文庫）、『ヘレニズム哲学』（A・A・ロング／京都大学学術出版会）、『織田信長家臣人名辞典』（吉川弘文館）、『織田信長総合事典』（雄山閣）、『角川新版日本史辞典』（角川書店）、『戦国合戦大事典』（新人物往来社）、『日本史人物辞典』（山川出版社）、『国史大辞典』（吉川弘文館）、『西洋史辞典』（東京創元社）、『世界史事典』（旺文社）、『詳解世界史用語辞典』（三省堂）

装幀 ● 多田和博
装画 ● 西のぼる
翻訳協力 ● 小西 紀嗣／㈱トランネット
編集協力 ● ㈱エディット、クリタ舎、馬場俊之
本文イラスト ● 馬場俊之
本文組版 ● ㈱アクト

図解
武士道がよくわかる本

2007年3月5日　第1版第1刷発行

著者　新渡戸稲造
編・訳者　PHP研究所
発行者　江口克彦
発行所　PHP研究所
東京本部　〒102-8331　千代田区三番町3番地10
文芸出版部　☎03-3239-6256（編集）
普及一部　☎03-3239-6233（販売）
京都本部　〒601-8411　京都市南区西九条北ノ内町11
PHP INTERFACE　http://www.php.co.jp/
印刷所
製本所　図書印刷株式会社

ISBN978-4-569-65966-4